W0403896

Deutschbuch

Differenzierende Ausgabe

5

Lern- und Arbeitsheft

für Lernende mit erhöhtem Förderbedarf
im inklusiven Unterricht

Herausgegeben von
Markus Langner

Erarbeitet von
Angela Brabender, Birgit Ellwart,
Jana Ertel, Gabriele Klaßmann,
Walter Pingl und Margarete Westermeier

Name:

Klasse:

Cornelsen

Deutschbuch

Differenzierende Ausgabe
Lern- und Arbeitsheft 5
für Lernende mit erhöhtem Förderbedarf
im inklusiven Unterricht

Das Lern- und Arbeitsheft wurde erarbeitet auf der Grundlage der Ausgabe von Markus Langner, Andrea Wagener, Julie Chatzistamatiou, Friedrich Dick, Anna Ulrike Franken, Agnes Fulde, Hans-Joachim Gauggel, Daniela Giesler, Susanne Kleinpaß, Ruth Malaka, Christoph Mann, Arnhild Nachreiner, Mechthild Stüber, Carolin Wemhoff-Weinand, Christin Wiebusch.

Zu diesem Lern- und Arbeitsheft gibt es ein passendes **Schülerbuch** (ISBN 978-3-06-062086-9).

Redaktion: Jana Görbing, Berlin, Heike Tietz

Illustrationen:
Nina Dulleck, Gau-Algesheim: S. 27
Nils Fliegner, Hamburg: S. 237–242, 256
Christiane Grauert, Milwaukee (Wisconsin)/USA: S. 53–55, 58, 61, 65, 94–96, 99, 105, 285
Sylvia Graupner, Annaberg: S. 149–151, 153, 154, 156, 157
Kirsten Höcker, Berlin: S. 16, 20, 24, 182, 192, 194
Barbara Jung, Frankfurt a. M.: S. 199–202, 222, 282
Ulrike Selders, Köln: S. 106 rechts, 130 unten, 152, 160, 208
Juliane Steinbach, Wuppertal: S. 129, 130 oben, 131, 132, 133, 137, 141
Rüdiger Trebels, Düsseldorf: S. 33–35, 42, 44, 47, 82, 165–167, 170
Christa Unzner, Berlin: S. 111, 112, 113 Bild 4 und 5, 114–116, 118, 120

Umschlaggestaltung: Corinna Babylon und Jule Kienecker (Berlin) unter Verwendung folgender Fotos: Shutterstock/carballo (Junge), Shutterstock/Marco Bicci (Feldweg), Shutterstock/studiovin (Schnecke, Bücherstapel), Shutterstock/aabeele (Vogel)
Layoutkonzept und technische Umsetzung: werkstatt für gebrauchsgrafik, Berlin

www.cornelsen.de

Die Webseiten Dritter, deren Internetadressen in diesem Lehrwerk angegeben sind, wurden vor Drucklegung sorgfältig geprüft. Der Verlag übernimmt keine Gewähr für die Aktualität und den Inhalt dieser Seiten oder solcher, die mit ihnen verlinkt sind.

Soweit in diesem Lehrwerk Personen fotografisch abgebildet sind und ihnen von der Redaktion fiktive Namen, Berufe, Dialoge und Ähnliches zugeordnet oder diese Personen in bestimmte Kontexte gesetzt werden, dienen diese Zuordnungen und Darstellungen ausschließlich der Veranschaulichung und dem besseren Verständnis des Inhalts.

Dieses Werk berücksichtigt die Regeln der reformierten Rechtschreibung und Zeichensetzung.
Bei den mit [R] gekennzeichneten Texten haben die Rechteinhaber einer Anpassung widersprochen.
Die mit [V] gekennzeichneten Texte wurden aus didaktischen Gründen gekürzt und/oder verändert.

1. Auflage, 1. Druck 2020

Alle Drucke dieser Auflage sind inhaltlich unverändert und können im Unterricht nebeneinander verwendet werden.

© 2020 Cornelsen Verlag GmbH, Berlin

Das Werk und seine Teile sind urheberrechtlich geschützt. Jede Nutzung in anderen als den gesetzlich zugelassenen Fällen bedarf der vorherigen schriftlichen Einwilligung des Verlages. Hinweis zu §§ 60 a, 60 b UrhG: Weder das Werk noch seine Teile dürfen ohne eine solche Einwilligung an Schulen oder in Unterrichts- und Lehrmedien (§ 60 b Abs. 3 UrhG) vervielfältigt, insbesondere kopiert oder eingescannt, verbreitet oder in ein Netzwerk eingestellt oder sonst öffentlich zugänglich gemacht oder wiedergegeben werden. Dies gilt auch für Intranets von Schulen.

Druck: H. Heenemann, Berlin

ISBN 978-3-06-063457-6

PEFC
PEFC/04-31-1156

PEFC zertifiziert
Dieses Produkt stammt aus nachhaltig bewirtschafteten Wäldern und kontrollierten Quellen.

www.pefc.de

Inhaltsverzeichnis

12 Rechtschreiben erforschen – Strategien finden 237

Zum Nachschlagen – Orientierungswissen 269

1 Wir in der neuen Schule –
Sich und andere informieren

1 Neue Schule, neue Klasse!
Was ist anders als in eurer alten Schule?
Was ist ähnlich?
Erzählt.

der Weg • das Gebäude • die Räume • die Lehrerinnen • die Lehrer • die Fächer • die Schülerinnen • die Schüler

2 Was wünscht ihr euch für die neue Schule? Erzählt.

die neuen Freunde • der Spaß • viel Neues lernen • der nette Lehrer

Ich wünsche mir, dass …

1 Lernt eure neue Klasse kennen!
Stellt euren Mitschülerinnen und Mitschülern Fragen.

Wo wohnst du? • Wie alt bist du? • Was ist dein Lieblingsfach?

2 Was sind eure Lieblingsorte in der neuen Schule? Begründet.

der Klassenraum • der Musikraum • die Cafeteria • der Schulhof • der Schulgarten • der Sportplatz • die Sporthalle • die Aula • der Computerraum • die Bibliothek • das Sekretariat • das Treppenhaus

Mein Lieblingsort ist …, weil man dort …
Ich mag …

💬 **3** Wer hat die meisten …?

Findet noch mehr über euch heraus.
- Jemand stellt eine der Fragen A–E.
- Vergleicht eure Antworten und stellt euch der Reihe nach auf.
- Fangt mit der kleinsten Angabe an (links klein, rechts groß).

A Wer hat die meisten Geschwister?
B Wer hat die meisten Haustiere?
C Wer hat den längsten Schulweg?
D Wer hat als Nächster Geburtstag?
E Wer hat die größte Schuhgröße?

💬 **4** Wie könnt ihr „gemeinsam Klasse" sein?
Wie stellt ihr euch eine gute Klasse vor?

helfen wir uns • trösten wir uns • haben wir Spaß • sind wir freundlich zueinander

In einer guten Klasse …

Informationen austauschen

Sich mit einem Lapbook vorstellen

1 **a** Sieh dir das Lapbook an.
Damit kannst du dich vorstellen.

b Betrachtet das Lapbook mit einer Partnerin oder einem Partner.
Was erfahrt ihr über den Schüler?

Der Schüler heißt …

Sein Lieblingsfach ist …

2 Plane ein eigenes Lapbook.
Was soll in deinem Lapbook stehen?
Schreibe dir Notizen in dein Heft.

meine Familie • mein Geburtstag • mein Lieblingsfach • meine Hobbys • mein Lieblingsessen • das mag ich • das mag ich nicht • meine Freunde

3 Bereite das Lapbook vor:

a Lege ein großes Blatt Papier quer vor dich.
Falte den linken und den rechten Rand bis zur Mitte.

b Klappe das Lapbook zu. Gestalte die Titelseite.
- Schreibe deinen Namen auf.
- Bemale die Außenklappen.

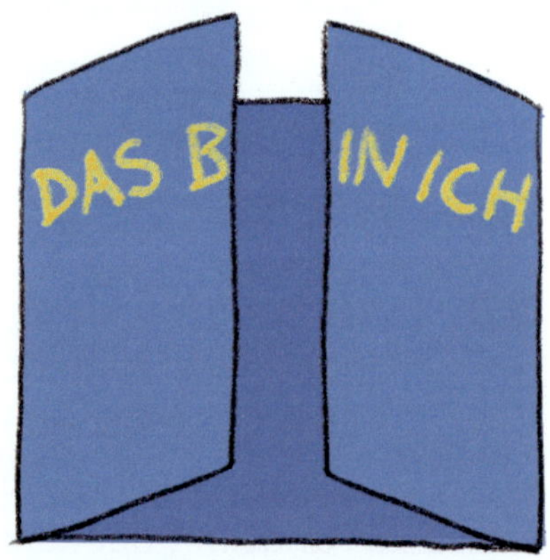

4 Klappe das Lapbook auf. Gestalte den Innenteil.

a Male kleine Bilder.
Bastle Taschen, Klappen oder Fächer.

die Tasche

die Klappe

der Fächer

b Schreibe Informationen über dich auf die Taschen, Klappen und Fächer.

c Ordne alle Bilder, Taschen, Klappen und Fächer in deinem Lapbook an.
Klebe sie fest.

Ein Interview in der Schule führen

1 **a** Lies die Fragen.
b Wer könnte sie beantworten? Wählt die Person aus.

die Sekretärin • der Hausmeister • die Schülersprecherin / der Schülersprecher

A Wo können wir in der Pause einen Fußball ausleihen?

B Welche Arbeitsgemeinschaften gibt es an der Schule?

C Wer kann mir helfen, wenn ich Ärger mit Mitschülerinnen oder Mitschülern habe?

D Wo kann ich fragen, wenn ich meine Trinkflasche oder meine Federmappe verloren habe?

2 Ergänzt die Fragen für ein Interview mit dem Hausmeister.
1 Wo ist …?
2 Wo kann man … ausleihen?
3 Wann öffnen Sie …?
4 Wann dürfen wir …?

in die Pause • die Bälle • das Lehrerzimmer • die Eingangstür

3 Bereitet das Interview mit dem Hausmeister in der Gruppe vor.
a Schreibt den Text und die Fragen von Aufgabe 2 vollständig in euer Heft.

Guten Tag, Herr …!

Wir sind (Name) aus der Klasse 5 …
Dürfen wir Ihnen einige Fragen stellen?

1. Frage: Wo ist …?
   Antwort: …
2. Frage: …
   Antwort: …
3. Frage: …
   Antwort: …
4. Frage: …
   Antwort: …

Danke für Ihre Hilfe. Bis bald!

b Übt das Interview.
c Führt das Interview durch.

Einen Brief untersuchen

1 **a** Lies den Brief.

A — Mühlheim, 22. September 20XX

B — Liebe Mavie,

C — die erste Woche in der neuen Schule liegt hinter mir. Ich muss dir so viel erzählen!
Am ersten Tag war ich total aufgeregt. Ich hatte die ganze Zeit Angst, dass ich den Weg zum Klassenraum nicht finde.
In meiner neuen Klasse sind 26 Kinder (14 Mädchen und 12 Jungen). Stell dir vor, wir haben einen Jungen und ein Mädchen, die beide „Kim" heißen. Und der Junge hat den Nachnamen Klein und das Mädchen den Nachnamen Groß!
Unser Klassenlehrer war total verwirrt. Er dachte, dass das ein Witz ist.
Ich sitze an einem Vierertisch mit Tayfun, Marek und Lara. Lara ist wirklich nett.
Am ersten Tag haben die Schüler aus der 6. Klasse ein kleines Theaterstück für uns aufgeführt. Vielleicht machen wir das im nächsten Jahr auch für die neuen 5. Klassen. Da will ich mitspielen!
Wie viele Kinder sind in deiner Klasse? Hast du schon neue Freunde gefunden?
Ich vermisse dich sehr!

D — Liebe Grüße

E — deine Emma

Emma Scholz
Waldstr. 7
45468 Mühlheim

Mavie Kesper
Große Straße 17
50327 Köln

b Beantwortet die Fragen.
- Was hat Emmas neuen Klassenlehrer am ersten Schultag verwirrt?
  Tipp: Lies die Zeilen 8 und 9.
- Was schreibt Emma noch über die ersten Tage an ihrer neuen Schule?
  Tipp: Lies die Zeilen 7, 11, 12 und 13.

2 Ordne die Bestandteile des Briefes (A–E) zu.

- A der Ort und das Datum
- … die Unterschrift
- … der Brieftext
- B die Anrede
- … die Grußformel

3 Woran erkennt ihr, dass Emma einer Freundin geschrieben hat?
Nennt Beispiele.
Tipp: Lies die Zeilen 2, 3, 4, 16 und 18.
Emma muss ihrer Freundin viel …

4 **a** Sieh dir den Briefumschlag an.
b Was steht wo? Erklärt.

Absender (**Wer** schreibt den Brief?)
Adressat (**An wen** ist der Brief?)

Einen Brief über die neue Schule schreiben

1 Plane einen Brief an eine Freundin oder einen Freund. Schreibe über deine neue Schule. Notiere deine Ideen im Heft.

2 Schreibe nun einen Brief an deine Freundin oder deinen Freund. Verwende deine Ideen von Aufgabe 1.

Ideen: Meine erste Schulwoche
1. Ich bin in der Klasse 5 …
2. Wir sind … Schüler in der Klasse.
3. Ich sitze neben …
4. Meine Lehrerin / Mein Lehrer heißt …
5. Einschulungsfeier …
6. Kennenlernspiele …
7. …

Ort, Datum

Borchen, 9. September 2019

Anrede

Liebe/Lieber/Hallo ______, ______,

Brieftext

nun bin ich schon seit ______ an der neuen

Schule.

Ich fühle mich wohl/nicht so wohl/gut/nicht so gut.

Wir sind ______ Schüler in der Klasse.

Grußformel

Liebe Grüße/Viele Grüße

Dein Name

Briefe und Handynachrichten vergleichen

1 a Lies den Brief und die Handynachricht.

Essen, 4. September 20XX

Lieber Lukas,

endlich ist Wochenende! Ich muss dir unbedingt von meiner neuen Schule erzählen. Hier ist es viel besser, als ich vorher gedacht hatte. Ich habe jetzt ein eigenes Schließfach mit Zahlencode, das ist cool. Am Mittwoch war ich zum ersten Mal in der Basketball-AG. Stell dir vor, unser Trainer dort hat früher sogar in der Basketball-Bundesliga bei Alba Berlin gespielt. Er ist ein echter Profi! Hoffentlich gefällt es dir auch an deiner neuen Schule. Habt ihr auch Schließfächer? Welche AG hast du gewählt?

Viele Grüße

dein Karim

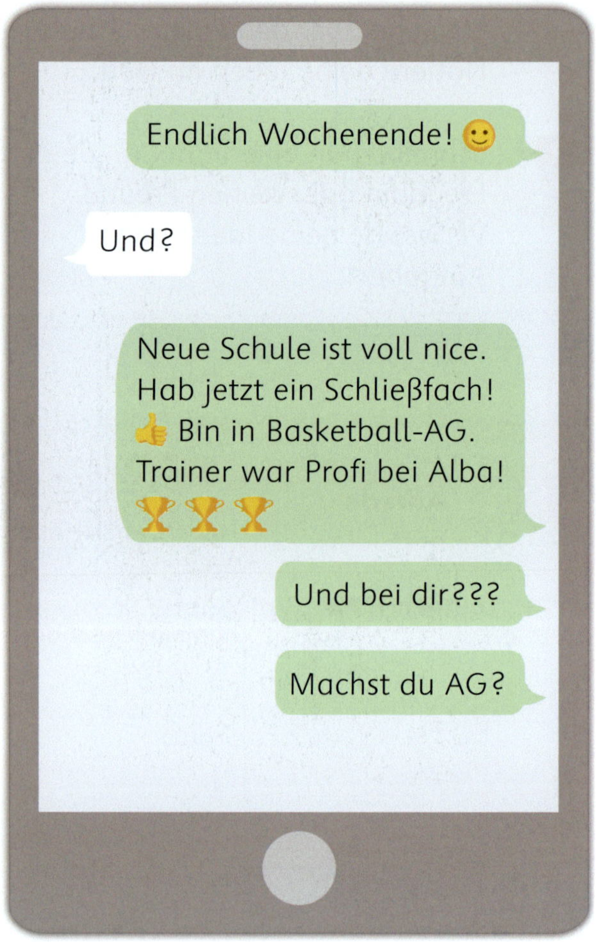

b Sprecht in der Klasse über folgende Fragen:
Wem schreibst du Briefe?
Wem schreibst du Handynachrichten?
Welche Vorteile haben Briefe und Handynachrichten?

ausführlich – kurz • dauert länger – geht schnell • viele Informationen – wichtige Informationen

2 a Vergleiche den Brief und die Handynachricht.

b Welche Bestandteile eines Briefes fehlen in der Handynachricht?
Kreuze an.

- [ ] Ort
- [ ] Datum
- [ ] Anrede
- [ ] Brieftext
- [ ] Grußformel
- [ ] Unterschrift

3 Schreibe deinen eigenen Brief von Seite 21 in eine Handynachricht um.
Tipp: Kürze die Sätze.

Einen Jugendbuchauszug lesen und verstehen

1 **a** Lies den gekürzten Text.

Margit Auer

Die Schule der magischen Tiere (Auszug)

**Bennis Schule hat ein Geheimnis.
Die Schüler bekommen besondere Tiere
von Mister Morrison.
Er besitzt eine magische Zoohandlung.
Diese Tiere können sprechen.
Benni hätte gerne ein wildes Raubtier.
Doch er bekommt die Schildkröte Henrietta.**

Als Benni in seine Klasse kam, stellte er den Schuhkarton vorsichtig auf seinen Tisch. Er dachte, die anderen wären beeindruckt, aber niemand reagierte. Als er sein Heft vor sich legte, blinkte darauf eine grüne Leuchtschrift auf.

Regel Nummer eins
Wir sprechen vor Fremden nicht über unsere Tiere.
Viele Grüße!
Die magische Zoohandlung

Benni guckte unter den Tisch. Henrietta streckte ihren Kopf hervor und blinzelte ihm zu. Benni schaute sich um und kapierte endlich: Hinten an der Wand saß der Direktor. Er war ein Fremder. Benni verstand nun Regel Nummer eins. Als Benni sein Heft öffnete, sah er wieder eine grüne Schrift.

Regel Nummer zwei
Wenn dein Tier mit dir spricht, können das deine Mitmenschen nicht hören.
Aber deine Stimme hören sie.
Viele Grüße!
Die magische Zoohandlung

Benni lächelte und war gespannt, was heute passieren würde. In diesem Moment kam die Klassenlehrerin Miss Cornfield herein. Sie begrüßte die Schüler und stellte sofort die erste Frage: „Wann war die erste Mondlandung und wer war dabei? Anna-Lena?" Anna-Lena antwortete: „Am 20. Juli 1969. Der erste Mensch auf dem Mond hieß Neil Armstrong." Miss Cornfield nickte und fragte weiter: „Was hat Neil Armstrong gesagt, als er den Mond betrat? Ida?" Ida schaute auf und sagte: „Das ist ein kleiner Schritt für einen Menschen, aber ein großer Schritt für die Menschheit." Aus dem Schuhkarton flüsterte Henrietta: „Das kannst du auch, Benni." [...] Die nächste Frage war schwer: „Wie viel Mondgestein brachten die Astronauten zurück zur Erde?" Keiner wusste die Antwort. Henrietta flüsterte Benni etwas zu. Benni meldete sich und sagte: „22 Kilogramm." Die Antwort war richtig. Benni freute sich, so ein kluges Tier an seiner Seite zu haben. V

b Welche Textstelle hat dir besonders gut gefallen?
Unterstreiche die Textstelle.

2 **a** Lest die Sätze A–F.
b Welche Aussagen sind falsch? Kreuzt an.
Tipp: Nur zwei Sätze sind falsch.
c Korrigiert die falschen Sätze.

- **A** ☐ Benni hat die sprechende Schildkröte Henrietta als magisches Haustier bekommen.
- **B** ☐ Benni nimmt Henrietta mit in die Schule und zeigt sie schüchtern den anderen.
- **C** ☐ Benni ist enttäuscht, dass seine Freunde nicht auf Henrietta reagieren.
- **D** ☐ Benni darf nicht über seine Schildkröte sprechen, weil der Direktor hinten in der Klasse sitzt.
- **E** ☐ Wenn die Schildkröte spricht, kann das jeder hören.
- **F** ☐ Henrietta verrät Benni heimlich die Antworten auf die Fragen der Lehrerin.

B Benni nimmt Henrietta mit in die Schule und stellt sie schüchtern auf den Tisch.

3 Warum freut sich Benni am Ende doch über die Schildkröte?
Tipp: Lies die Zeilen 27–29.
Vervollständige den Satzanfang in deinem Heft.
Benni freut sich über seine Schildkröte, weil sie …

4 Benni schreibt einen Brief an seinen Freund Jonah.
Er erzählt von dem Tag mit Henrietta.
Schreibe den Brief von Benni an Jonah in dein Heft.
Tipp: Die Stichpunkte helfen dir.

Lieber Jonah,
ich möchte dir erzählen, was heute passiert ist. Ich habe eine Schildkröte …
- von der magischen Zoohandlung bekommen
- heißt Henrietta
- mit in die Schule genommen
- wenn sie spricht, hört das keiner außer mir
- sagte mir die richtigen Antworten im Unterricht vor
- war sehr froh, so ein tolles Tier zu haben

Welches magische Tier hättest du gern? Schreib mir bald zurück.
Lieben Gruß
dein Benni

5 Welches magische Tier hättest du gern?
Male ein Bild davon in dein Heft.

2 Lasst uns darüber reden! – Meinungen begründen

1 Seht euch das Bild an.
- Was sagen die Schülerinnen und Schüler?
- Worüber wollt ihr in eurer Klasse sprechen?

Ordnung | Zusammenarbeit | Regeln

Ich finde, dass …

Meiner Meinung nach sollten wir …

Wir sollten über …

Wir könnten über …

Eine gute Idee ist …

2 Wie führt man ein gutes Gespräch? Welche Gesprächsregeln kennt ihr?

1 **a** Seht euch das Bild zusammen mit einer Partnerin oder einem Partner genau an.
b Was seht ihr? Beschreibt.

2 **a** Lest die fett gedruckte Klassenregel auf der linken Tafel vor.
b Welche Regeln gibt es in deiner Klasse? Sprecht darüber.

3 **a** Wie sprechen der Junge und das Mädchen auf dem Bild miteinander?
Schreibe einen Satz auf.

höflich • unhöflich • freundlich • unfreundlich

Der Junge und das Mädchen sprechen ______________________________________.

b Was bedeutet höflich miteinander sprechen?
Kreuze an.

- [ ] unterbrechen
- [ ] ausreden lassen
- [ ] zuhören
- [ ] dazwischenreden
- [ ] angemessen laut reden
- [ ] schreien

4 **a** Lest die Regeln auf dem gesamten Bild.
b Welche Formulierung gefällt euch?
Welche Formulierung gefällt euch nicht?
Begründet.

5 Wie stellt ihr euch ein gutes Klassenleben vor?
Nennt Ideen für Klassenregeln.

freundlich

helfen

zuhören

Miteinander sprechen

Gesprächsregeln festlegen und einhalten

Gesprächsregeln aufstellen und einhalten
Gesprächsregeln helfen, **fair und freundlich** miteinander zu sprechen.

1 Lies den Dialog.

Daniel: Ich finde, wir brauchen einen Tafel- und Ordnungsdienst für die Klasse.
Emily (nickt zustimmend): Das stimmt. Ein Ordnungsdienst könnte …
Timon (fällt Emily ins Wort): Auf so was habe ich keine Lust!
Daniel (ruhig): Lass Emily bitte ausreden.
Emily: Es wäre sinnvoll, wenn jeder mal mit Saubermachen dran ist.
Wir könnten uns in den Tischgruppen abwechseln.
Daniel (begeistert): Gute Idee!
Timon (laut): Das Thema ist total langweilig.

2 Wer fördert das Gespräch? Markiere mit einer Farbe.
Wer stört das Gespräch? Markiere mit einer anderen Farbe.

3 Welche Gesprächsregeln sind wichtig?
Wähle drei passende Vorschläge aus. Kreuze an.

☐ Wir hören aufmerksam zu.
☐ Wir bleiben bei unserer Meinung.
☐ Wir bleiben ruhig und sachlich.
☐ Wir reden dazwischen.
☐ Wir lassen die anderen ausreden.
☐ Wir werden lauter, wenn uns niemand zuhört.

Meinungen formulieren und begründen

Meinungen schriftlich begründen

1 Lies den Klassenchat.

Frau Helke Liebe Klasse 5a, was haltet ihr von einer Lesestunde pro Woche? Bitte diskutiert, wie ihr diesen Vorschlag findet!

Tim Lesen macht Spaß! Ich kann mich dann gut entspannen.

Alicia Keinen Bock auf Lesen! Filme gucken ist viel spannender!

Can Ich finde Lesen gar nicht langweilig. Man kann in der Bibliothek nach spannenden Büchern oder sogar Comics gucken.

Aylin Ich möchte das Vorlesen üben und verbessern. Vielleicht geht das ja in so einer Stunde.

Niko Aber dann hätten wir viel weniger Zeit für andere wichtige Themen!

Lena Hauptsache, ich muss nichts schreiben.

2 **a** Wer ist für eine Lesestunde? Markiere mit einer Farbe.
Wer ist gegen eine Lesestunde? Markiere mit einer anderen Farbe.

> Wenn du jemanden von deiner Meinung überzeugen willst, musst du deine **Meinung begründen.**
> Eine Meinung kannst du z. B. mit **denn** einleiten.

b Verknüpfe Meinungen mit Begründungen.
Benutze immer das Wort **denn.**
Schreibe in dein Heft.

Can ist für eine Lesestunde, denn in der Bibliothek kann man …
Niko ist gegen eine …
Tim …
Alicia …

Eine Meinung sagen und begründen

1 Ordne die Begründungen zu.
Schreibe auf die Linien.
Tipp: Manchmal passen mehrere Begründungen.

- Da ist man an der frischen Luft.
- Man kann dabei viel über die Natur lernen.
- Alle können mitmachen.
- Man kann sich viel bewegen.
- Es ist nicht zu anstrengend.

2 Du wählst eine Aktion aus.
Ergänze den Satz. Begründe deine Meinung.
Tipp: Wähle eine Begründung von Aufgabe 1 aus.

Ich bin für die Aktion „ ______ “,

denn ______ .

Den Aufbau eines sachlichen Briefs untersuchen

1 Lies den Brief.

Köln, den 30.09.20XX — Ort und Datum

Liebe Schülerinnen und Schüler, —

im kommenden Schuljahr nimmt die Heinrich-Böll-Schule an dem Projekt „Schulen für die Umwelt" teil. Nach den Sommerferien sind dann alle Klassen selbst für die Mülltrennung in ihrem Klassenzimmer verantwortlich. —

Die Schulleitung findet die Teilnahme an dem Projekt „Schulen für die Umwelt" sehr sinnvoll. Denn nur durch eigene Erfahrungen könnt ihr lernen, wie einfach Umweltschutz sein kann. Außerdem lernt ihr, Verantwortung für euch und euren Klassenraum zu übernehmen.
Am wichtigsten ist jedoch, dass die Klassen für korrekt entsorgten Müll von der Stadt einen bestimmten Geldbetrag für ihre Klassenkasse erhalten.
Etwas Gutes für die Umwelt zu tun, zahlt sich also aus! —

Wenn ihr mit eurer Klasse teilnehmen möchtet, antwortet mir auf diesen Brief. —

Mit freundlichen Grüßen —

Sabine Hellmer —
Schulleiterin

Einleitung • Schlusssatz • Anrede • Hauptteil • ~~Ort und Datum~~ • Unterschrift • Grußformel

2 Sachliche Briefe haben oft denselben Aufbau.
Ordne die Begriffe den Abschnitten zu.
Schreibe auf die Linien neben dem Brief.

3 Beantworte die Fragen.
Schreibe Stichpunkte in dein Heft.

1 An wen ist der Brief geschrieben?

2 Wer hat den Brief geschrieben?

3 Worum geht es in dem Brief?

Antwortauswahl zu Frage 3:
Unweltschutz • Teilnahme an einem Projekt • Verantwortung für die Umwelt übernehmen • Geld verdienen

Die eigene Meinung begründen

1 Welche Meinung hast du zum Projekt „Schulen für die Umwelt"? Ergänze den Satzanfang in der Hand.
Tipp: Du kannst die Hilfen am Rand nutzen.

… dafür, dass wir an dem Projekt teilnehmen. • … dagegen, dass wir an dem Projekt teilnehmen.

2 Ergänze drei Argumente (Begründungen) in den Fingern. Schreibe Stichpunkte.
Tipp: Du kannst die Hilfen am Rand nutzen.

einen Beitrag für den Umweltschutz • ist ganz einfach • Klassenraum wird sauberer • Geld für die Klasse • macht Spaß • nicht unsere Aufgabe • keine Zeit • nicht wichtig • zu schwierig • macht keinen Spaß

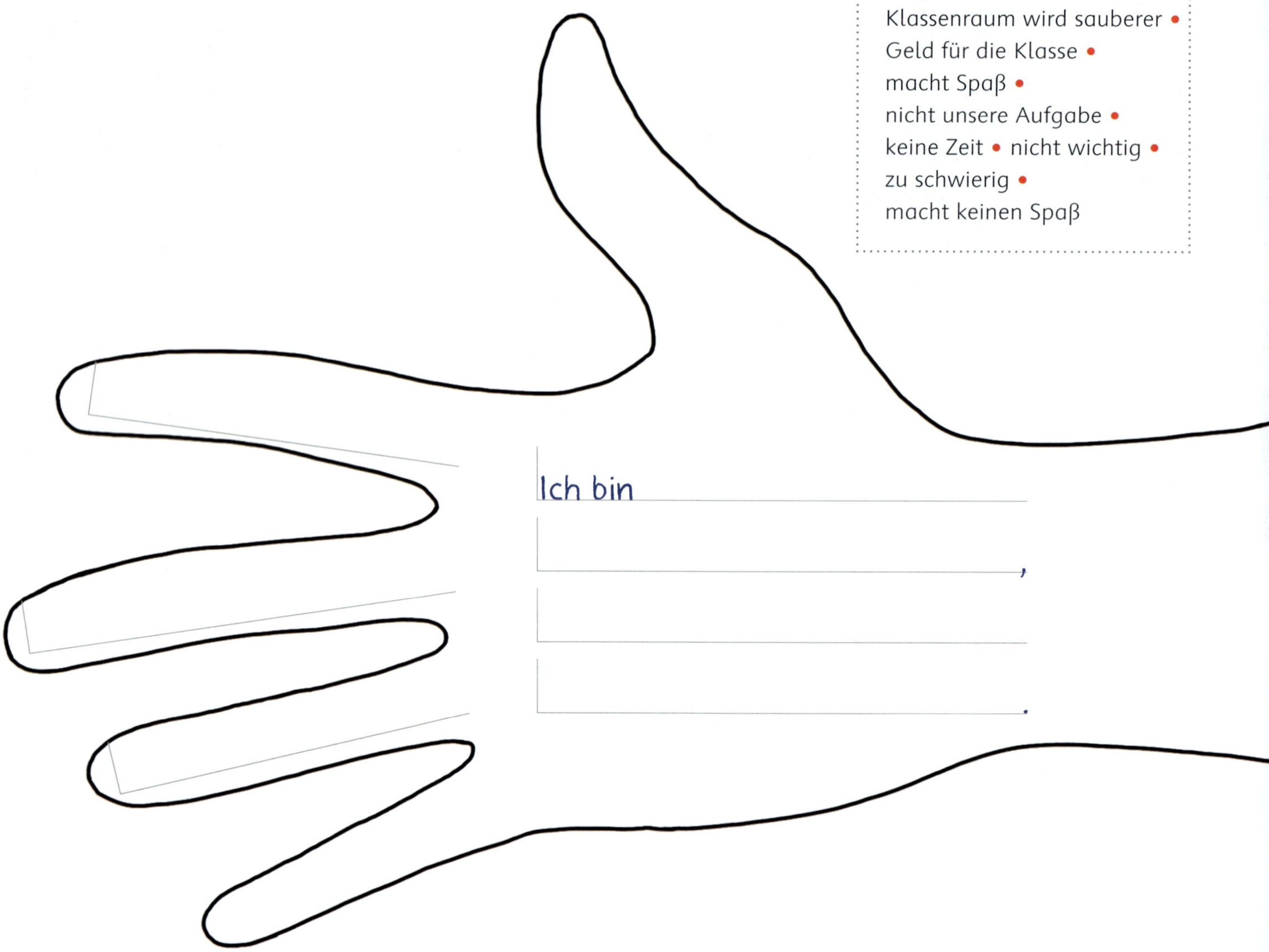

3 **a** Schreibe deine Meinung mit einem Argument (einer Begründung) auf.
b Tauscht euch mit einer Partnerin oder einem Partner aus.

Ich bin ______________________________
______________________________.

3 „Ich bekam eine Gänsehaut!“ – Spannend erzählen

1 Was seht ihr auf dem Bild? Beschreibt.

2 Erzählt eine kurze, spannende Geschichte zu dem Bild.
Tipp: Ihr könnt die Erzählkarten mit den Stichworten nutzen.

Einleitung
drei Kinder, nachts im Wald

Hauptteil
unheimliche Geräusche, gruselige Stimmung, Angst, Augen im Mondlicht, entdecken eine Schatzkiste, erwarten Gold und Silber, Taschenlampe

Schluss
enttäuscht, kein Schatz, nur Steine

Spannend!

Mündlich erzählen

Am Abend …

Au ja, auf die Nachtwanderung habe ich mich seit Tagen gefreut!

die Klassenfahrt, die Kinder,
die Herberge, der Wald, die Dämmerung,
die Nachtwanderung, sich freuen,
gespannt sein, neugierig, ungeduldig, …

Nach kurzer Zeit …

Oje, wo sind die anderen denn plötzlich?

der Mond, die Wolken, stockdunkel,
die Taschenlampe, suchen, der Ast, knacken,
die Angst, ängstlich, unruhig, sich verlaufen,
sich fürchten, …

1 **a** Sieh dir das Bild 1 an.
b Was stellt ihr euch unter einem „Ausflug ins Abenteuer" vor? Erzählt.

2 **a** Seht euch die Bilder 1 bis 5 mit einer Partnerin oder einem Partner an.
b Welche Figuren und Orte erkennt ihr? Sprecht darüber.

3 **a** Welches Bild gefällt euch besonders? Wählt ein Bild aus.
b Warum gefällt euch dieses Bild? Begründet.

4 Erzählt zu diesem Bild.
Tipp: Verwendet die Wörter und Wortgruppen unter dem Bild.

Plötzlich …

der Waldweg, das Gebüsch, der Ast, **leuchten,** blitzen, das Wildtier, sich erschrecken, schmal, dicht, unsichtbar, …

Doch dann …

die Geräusche, der Hochstand, die Leiter, glitschig, morsch, unheimlich, **klettern,** sich verstecken, sicher, …

Endlich …

die Taschenlampe, die Rettung, erleichtert sein, die Freude, glücklich, …

5 a Bildet zu den Bildern 3 und 4 jeweils einen Satz. Verwendet die fett gedruckten Verben*.

b Schreibt die Sätze auf.

* Tuwörter

Erlebnisse erzählen

Eine Geschichte mit Erzählkarten erzählen

1 Erzähle die Geschichte von den Seiten 54 und 55 mit Hilfe von Erzählkarten.

a Wähle zuerst einen **Titel** aus.

b Schreibe ihn auf die Erzählkarte.

Die Nachtwanderung • Ausflug ins Abenteuer • Erlebnisse in der Nacht

Titel

2 **a** Ergänze den **Anfang.**

Tipp: Sieh dir Bild 1 an.

Anfang
- Klassenfahrt der 5c
- Nachtwanderung
- Dämmerung
-

b Welche Stichworte gehören zum **Hauptteil?** Markiere sie mit einem grünen Stift.

Tipp: Sieh dir die Bilder 2 und 3 an.

c Welche Stichworte gehören zum **Schluss?** Markiere sie mit einem roten Stift.

Tipp: Sieh dir die Bilder 4 und 5 an.

d Ergänze die Erzählkarten für den **Hauptteil** und den **Schluss.**

ein Leuchten im Gebüsch • die Erleichterung • das wilde Tier • ein Hochstand • haben Angst bekommen • das unheimliche Knacken • haben sich verirrt • die Taschenlampen • geklettert

Hauptteil

Schluss

Den Aufbau einer Geschichte untersuchen

1 Lies die Geschichte von Malik über die Klassenfahrt in den Naturpark Eifel*.

* eine kleine Bergkette in Deutschland

Schwein gehabt!

von Malik

Unsere Klassenfahrt in den Naturpark Eifel war sehr aufregend. Wir übernachteten auf einem Zeltplatz am Waldrand. Ich durfte mir mit meinem Freund Olli das Zelt teilen. Wenn wir geahnt hätten, was für ein spannendes Abenteuer uns da bevorstand!

Eines Abends lagen wir in unserem Zelt. Olli schlief schon. Doch ich war noch hellwach und konnte nicht einschlafen. Auf einmal hörte ich draußen ein seltsames Geräusch. Ich schreckte hoch. Da war etwas. Mit weit aufgerissenen Augen saß ich auf meiner Luftmatratze. Erst hörte ich ein Schmatzen, dann ein Schnaufen. Die Zeltwand bewegte sich und knisterte. Ängstlich dachte ich: „Da draußen ist jemand!" „Hörst du das auch?", flüsterte ich. Aber Olli hörte mich nicht, sondern schlief einfach weiter. Ich rüttelte an seiner Schulter. Endlich wurde er wach. Ganz leise zischte ich: „Pssst, hör mal, da ist jemand!" Olli brummte: „Lass mich in Ruhe. Du hast schlecht geträumt!" Doch da war das Geräusch schon wieder, dicht neben unserem Zelt! Mir stockte der Atem und meine Hände wurden ganz feucht. Jetzt war auch Olli richtig wach: „Das ist ein Tier, vielleicht ein Hund oder ein Igel. Ich schaue mal nach." Olli suchte seine Taschenlampe und öffnete mutig das Zelt. Plötzlich brüllte jemand laut über den Zeltplatz: „Haut ab! Aber schnell! Haut bloß ab!" Wir wollten schon losrennen, doch da erkannten wir unseren Lehrer im Lichtschein der Taschenlampe. Olli fing an zu lachen und rief: „Da laufen sie im Schweinsgalopp in den Wald!"

Alle waren nun wach und kamen aus ihren Zelten gekrochen. Unser Lehrer sagte: „Keine Panik, Leute! Schwein gehabt! Beruhigt euch, das waren nur ein paar neugierige Wildschweine!"

Nach dieser Aufregung fielen mir sofort die Augen zu und ich schlief die Nacht durch wie ein Stein.

2 Malik und Olli haben auf dem Zeltplatz etwas Spannendes erlebt. Sprecht über die folgenden Fragen mit einer Partnerin oder einem Partner.

a Was hörte Malik?
Tipp: Lest die Zeile 7.

b Woher kamen die Geräusche?
Tipp: Lest die Zeilen 22 bis 24.

3 Malik benutzt für seine Geschichte treffende Verben und anschauliche Adjektive.

a Übertrage die Tabelle in dein Heft.

treffende Verben	anschauliche Adjektive
schreckte	spannendes
...	...

> **Verben** (Tuwörter) sagen, was wir tun.
> **Adjektive** (Wiewörter) sagen, wie etwas ist.

b Schreibe die Verben und die Adjektive in die Tabelle.
Tipp: Die treffenden Verben und anschaulichen Adjektive sind in der Geschichte farbig gedruckt.

4 Was gehört zur **Einleitung** (Zeile 1–3)?
Was gehört zum **Hauptteil** (Zeile 4–17)?
Was gehört zum **Schluss** (Zeile 18–24)?
Schreibe die Wortgruppen aus dem Kasten in die Lesefieberkurve.

die Schreie auf dem Zeltplatz • Olli guckte nach • Malik und Olli übernachteten im Zelt • Olli schlief und Malik hörte seltsame Geräusche • die Klassenfahrt in die Eifel • Malik weckte Olli • Malik schlief wie ein Stein • der Klassenlehrer verjagte Wildscheine

Einleitung	Hauptteil	Schluss

Eine Geschichte zu Bildern erzählen

1 Sieh dir die Bilder von einem aufregenden Paddel-Ausflug an.

2 **a** Bringe die Bilder in die richtige Reihenfolge.
b Schreibe die Buchstaben in der richtigen Reihenfolge auf.
Wie heißt das Lösungswort?

3 Schreibe eine Geschichte zu dem Paddel-Ausflug.
– Schreibe in **ganzen Sätzen** in dein Heft.
– Verwende das **Präteritum (die Vergangenheit).**

a Schreibe eine **Einleitung.** Die Wortgruppen helfen dir.

am zweiten Tag unserer Klassenfahrt • unternahmen einen Paddel-Ausflug • teilten uns zu zweit ein Kanu • trugen Schwimmwesten

b Schreibe den **Hauptteil** weiter. Die Wortgruppen helfen dir.
Am Anfang blieben wir nahe am Ufer.
Dann wagten wir uns mehr in die Mitte des Flusses.

Wasser war unruhig • paddelten kräftig • unser Boot kenterte* • plötzlich mehrere Kanus dicht bei uns • schrien entsetzt • stießen zusammen mit einem Kanu • Wasser war eisig kalt

* kippte um

c Schreibe den **Schluss** weiter. Die Wortgruppen helfen dir.
Wir zogen unser Kanu ans Ufer.

endlich Sicherheit • waren erschöpft • am Ufer • zogen nasse Kleidung aus • waren erleichtert

d Wähle eine **Überschrift** aus.

A Ein spannender Tag auf der Klassenfahrt

B Kanufahrt mit Überraschung

Spannendes lesen und schreiben

Eine gruselige Geschichte lesen

Klaus-Peter Wolf

Gefangen im Spukschloss

1 a Lies die Textabschnitte A bis E.

A Mark konnte sich auf seinen großen Bruder Ulf verlassen. Wenn Mark Probleme mit einem Computerspiel hatte, rief er Ulf. [...] Aber jetzt war Ulf nicht da. Dabei brauchte Mark ihn so sehr. Das Spiel im Computer hieß „Gefangen im Spukschloss". Ein dicker Bär tapste durch ein Spukschloss und suchte Schlüssel. Wenn er einen Schlüssel fand, fraß er ihn auf. Dann gab es 100 Punkte. Aber überall lauerten Gespenster. Wenn sie dem Bären auf den Kopf schlugen, spuckte der Bär den Schlüssel wieder aus. Der Bär brauchte 20 Schlüssel, um sich aus dem Spukschloss zu befreien.

B [...] Er hatte schon 18 Schlüssel. Aber der Bär machte plötzlich, was er wollte. Wenn ein Gespenst auftauchte, schlug er ihm auf den Kopf. Dann rannte er weiter. Er wurde immer schneller. Schlüssel Nummer 19. [...] Jetzt kam der 20. Schlüssel. Der Bär schluckte ihn. Dann begann er plötzlich zu wachsen. [...] Der Computer wackelte. Er wurde so dick wie ein Luftballon. Mark hielt sich die Hände vors Gesicht. Der Computer konnte jeden Moment platzen. [...]

C Dann war es wieder ruhig. [...] Auf dem Bildschirm war nur das Spukschloss zu sehen. Der Bär war weg. Da brummte es ganz unerwartet aus einer Ecke des Zimmers. Der Bär! Er war so groß wie der Schrank. Er tapste zur Tür und schluckte tatsächlich den Zimmerschlüssel. „Was machst du hier?", stotterte Mark. „Ich bin Gefangener im Spukschloss. Ich muss Schlüssel sammeln", antwortete der Bär. Mark fühlte sich unwohl. [...] Plötzlich trottete der Bär durch die Tür zum Badezimmer. Wahrscheinlich wollte er den nächsten Schlüssel aufessen.

D Was würde Ulf jetzt tun? Er würde auf „Steuerung" und „F7" drücken. Damit konnte man den letzten Befehl rückgängig machen. [...] Mark drückte die Tasten. Genau in diesem Moment begann der Computer zu wackeln und blähte sich wieder auf. Es pfiff und krachte. Mark ging hinter dem Sofa in Deckung. [...] Als er wieder hervorkroch, war der Bär schon im Spukschloss. Die Punktzahl auf dem Bildschirm zeigte 2200 an. Alles war wie immer. Nur die Schlüssel vom Badezimmer und von Marks Tür fehlten.

E Ulf kam nach Hause. Er fragte, ob etwas Besonderes passiert sei. Mark schüttelte den Kopf. „Alles wie immer. Ich habe ‚Gefangen im Spukschloss' gespielt." „Wie weit bist du denn gekommen?" „Bis 2200." Ulf lachte. „Das geht doch gar nicht: Mehr als 20 Schlüssel gibt es nicht. [...]" Mark grinste. Ob Ulf ihm die Geschichte glauben würde? V

b Finde fünf Spannungsmelder.
Markiere sie im Text.
Tipp: Suche in den Abschnitten B, C und D.

Spannungsmelder sind Wörter.
Sie zeigen an, dass gleich etwas Spannendes passiert.
Beispiele: plötzlich, auf einmal, unerwartet, jeden Moment

c Suche Zwischenüberschriften für die Abschnitte A bis E aus.
Schreibe die Überschriften auf die Linien.

Der Bär auf Schlüsselsuche •
2200 •
Das Spiel „Gefangen im Spukschloss" •
Mark und das Spiel im Computer •
Steuerung und F7 •
Der Bär macht, was er will •
Der Bär in Marks Zimmer •
Die Rettung durch die richtigen Tasten

Eine Gruselgeschichte ausgestalten

1 Lies den Text.

Rasselnde Ketten und spitze Schreie

Königswinter. Mit einem lauten Knall fällt die Tür ins Schloss. Es ist ganz dunkel. In diesem Moment bereuen die Besucher die Führung im Schloss.

Hier scheint es nicht mit rechten Dingen zuzugehen. Nur zu zweit wagen sie sich durch den dunklen Gang. Beinahe haben sie die Bücherei erreicht, da kommt zischend eine Gestalt aus dem Schatten gesprungen.

Kreischend flüchten die Besucher in den nächsten Raum.

Es spukt tatsächlich auf Schloss Drachenburg. Sobald die Sonne untergegangen ist, betritt jeder das Schloss auf eigene Gefahr. Denn dann treiben die früheren Bewohner ihr Unwesen.

Trotzdem bietet Peter Wendland einmal im Monat dort eine Führung an.

Und dann lassen sich auch einige Gestalten blicken und Kinder singen, Dielen* knarren, Ketten rasseln. […]

Was wohl zum Ende in einer kleinen Schatulle** gefunden werden muss, das lassen die Schreckensschreie der Besucher nur erahnen. V

* ein Holzfußboden

** kleines Kästchen, zum Beispiel für Schmuck

2 Was ist an der Gruselführung spannend?
Sprecht mit einer Partnerin oder einem Partner darüber.
Tipp: Lest die Zeilen 6, 7, 11, 14 und 15.

3 Wovor fürchten sich die Besucher von Schloss Drachenburg?

a Lege eine Gruselkartei an.

b Beschrifte dazu drei Karteikarten so.

gruselige Orte	schauerliche Geräusche	gespenstische Erscheinungen
– der dunkle Keller	– …	– die wehenden Vorhänge
– …		– …

4 Schreibe die Wortgruppen auf die passende Karteikarte.

der dunkle Keller • der Geist • die knarrenden Treppenstufen • der laute Knall • die Spinne • Ketten rasseln • die kalte Höhle • Kinder singen • der düstere Wald • der staubige Dachboden • die quietschende Tür • die Schattengestalt • das klappernde Fenster • der Schreckensschrei • das Klirren • die wehenden Vorhänge • das Gespenst • das Heulen

4 Außergewöhnliche Tiere – Beschreiben

1 Ein außergewöhnlicher Löwe.
Was fällt euch an ihm auf?

2 Wofür beschreibst du ein Tier genau?
Kreuze an:

- [ ] für ein Tiermagazin
- [ ] für ein Ratespiel
- [ ] für einen Steckbrief
- [ ] für ein Kartenspiel

3 Spielt ein Ratespiel: Was ist euer Lieblingstier?
Beschreibt euer Lieblingstier.

Mein Lieblingstier ist besonders.
Es sieht … aus.
Mein Lieblingstier frisst …

1 **a** Welche Tiere siehst du?
b Verbinde die Tiere und ihre Körperteile.
c Schreibe die Namen der Tiere auf die Linien.

Tiere

der Hai

Körperteile

1

das Maul

2

3

4
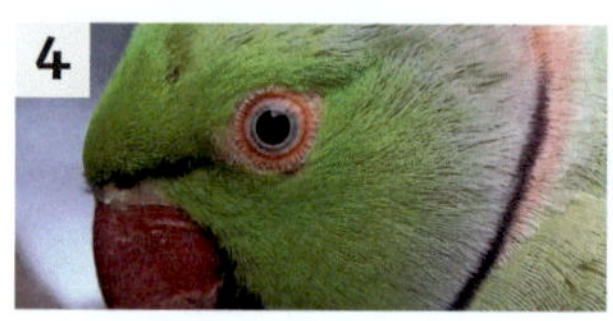

5

2 Spielt mit den Bildern „Ich sehe was, was du nicht siehst".
Nennt ein Körperteil aus dem Kasten.

3 **a** Ordne die Körperteile zu.
Schreibe auf die Linien unter den Bildern.
b Welche Körperteile siehst du noch? Schreibe auf.

- der Schnabel
- das Horn
- das Gefieder
- das Maul
- das Auge

4 Beschrifte die Körperteile des Gepards.

das Vorderbein • das Hinterbein • die Pfote • der Schwanz • der Bauch • die Nase • das Ohr • das Schnurrhaar • das Auge • der Hals • der Rücken

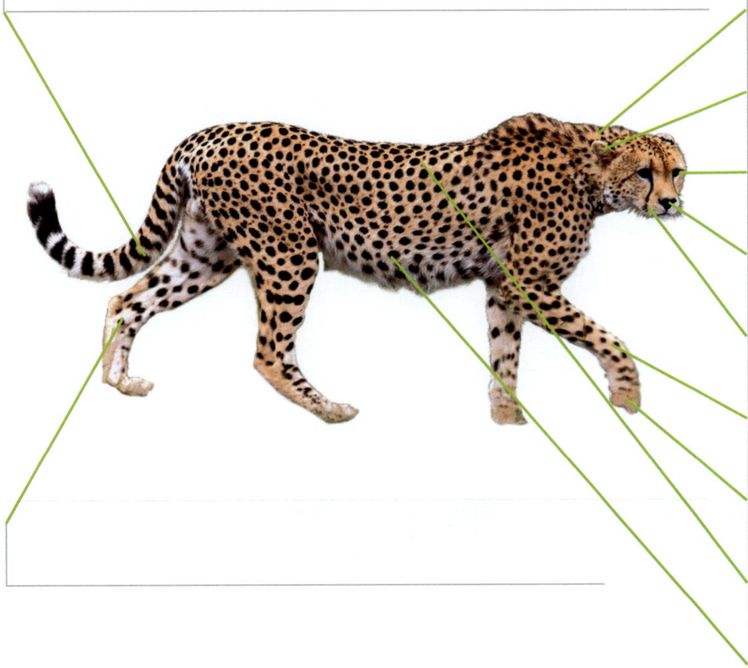

5 Ordne die Körperteile nach Artikeln.
Schreibe in die Tabelle.

männlich	weiblich	sächlich
der Bauch	die Nase	das Auge

6 Welche Körperteile kennst du noch?
Schreibe sie in die Tabelle.

Tiere beobachten und beschreiben

Einen Steckbrief schreiben

1 Lies den Text.

Die Zwergohreule

Die Zwergohreule ist ein Vogel. Sie zeigt ein besonderes Verhalten, wenn sie sich bedroht fühlt. Dann richtet sie sich hoch auf. Dadurch wirkt sie größer und schmaler. Die Zwergohreule ist etwa 20 Zentimeter groß. Ihr Gefieder* sieht graubraun aus. Am Bauch erkennt man schwarze Streifen. Die Augen leuchten gelb. Die Zwergohreule ernährt sich von Insekten und Regenwürmern. Manchmal frisst sie auch Kleinvögel und Mäuse. Sie lebt in warmen Regionen**, vor allem in Mittelmeerländern***.

* Federn

** Orte und Gegenden

*** zum Beispiel Türkei und Spanien

2 Schreibe einen Steckbrief zur Zwergohreule.

Steckbrief

Name: ______

Tierart: ______

Besonderheiten: ______

______

Größe: ______

Aussehen: ______

______

Ernährung: ______

______

Lebensraum: ______

______

Tierart:
Lies Zeile 1.

Besonderheiten:
Lies die Zeilen 2 bis 4.

Eine Tierbeschreibung untersuchen

1 **a** Sieh die Bilder mit den Halsbandsittichen an.
b Warum haben die Vögel diesen Namen?
Schreibe einen Satz.

2 Lies die Tierbeschreibung.

Der Halsbandsittich

1 Der Halsbandsittich gehört zur Familie der Papageien.
2 Die männlichen Vögel haben einen schwarz-rosa Streifen am Hals.
3 Der Hals ist kurz und dick.
4 Der Halsbandsittich wird bis zu 24 Zentimeter lang.
5 Er besitzt am ganzen Körper hellgrüne Federn.
6 Sein Brustgefieder ist gelb-grün gefärbt.

3 **a** Mit Adjektiven kann man Größe, Farbe und Form von Tieren genau beschreiben.
Ergänze in der Tabelle Adjektive aus der Tierbeschreibung.

Größe	Farbe	Form

b Ordne diese Adjektive in die Tabelle ein: groß, hellgrau, oval, klein, schlank, spitz, braun, rund, riesig.

Ein Tier beschreiben

1 **a** Seht euch den Paradiesvogel an.
Welche Besonderheit fällt sofort auf?

b Lies den Steckbrief.
c Markiere wichtige Informationen.

Steckbrief:

Name: Kleiner Paradiesvogel

Tierart: gehört zur Familie der Rabenvögel

Größe: Gesamtlänge mit den Schwanzfedern 63–100 Zentimeter

Aussehen: männliche und weibliche Vögel sehen unterschiedlich aus, das Männchen trägt an der Seite lange, seidige Schmuckfedern, das Gefieder hat auffällige Farben

Besonderheit: wenn das Männchen um ein Weibchen wirbt (= Balztanz), kann es seine Schmuckfedern zu einem Busch aufrichten

Lebensraum: Regenwald

Planen – Stichworte notieren

2 **a** Beschrifte die Körperteile des Paradiesvogels.

der Kopf • die Augen • der Schnabel • der Körper • die Brust • die Flügel • der Schwanz • die Schmuckfedern • die Krallen

b Male den Paradiesvogel farbig an.

3 Beschreibe den Paradiesvogel genau.
Ergänze in der Tabelle passende Adjektive.

rotbraun • rund • grasgrün • glänzend • hellgrün • hellgelb • weiß • zitronengelb • klein • schwarz • graubraun • länglich • spitz

Körperteile	Farbe	Form	Größe
der Kopf			
die Augen			
der Schnabel			
der Körper			
die Brust			
die Flügel			
der Schwanz			

Tiere beschreiben

1 **a** Lies die Sätze über den Stumpfnasenaffen.

C Der Affe hat ein schwarzes Fell.
H Am Bauch ist das Fell fast weiß.
O Es gibt viele verschiedene Tiere im Zoo.
I Stumpfnasenaffen werden 51 bis 83 Zentimeter groß.
T Löwen sind größer als Affen.
N Am Kinn und an den Ohrspitzen hat der Affe weiße Haarbüschel.
R Hasen sehen auch niedlich aus.
A Besonders auffällig ist die kleine Nase: Man kann nur die Nasenlöcher erkennen.

b Welche drei Sätze passen **nicht** zu einer Tierbeschreibung? Streiche sie durch.

c Schreibe die Buchstaben der passenden Sätze auf die Linie.

Stumpfnasenaffen gibt es in C ______________________.

2 Ergänze diese zwei Sätze über den Stumpfnasenaffen. Wähle dazu passende Adjektive vom Rand.

dunkle • helle • große • kleine • schwarze • besondere • rote • graue

Der Affe hat ______________________ Augen und

eine ______________________ Nase.

Das ______________________ Fell ist glatt.

Supertiere kennen lernen und beschreiben

1 **a** Der See-Elefant ist ein Supertier.
Lies die Tierbeschreibung.

b Markiere die wichtigen Informationen.

Ein schweres Tier: Der See-Elefant

1 Größe, Körperbau und Aussehen

Der See-Elefant ist die schwerste Robbe der Welt. Der männliche See-Elefant kann bis zu vier Tonnen* schwer werden. Er wird etwa sechs Meter lang. Weibliche Tiere sind viel kleiner. Der See-Elefant hat eine Nase, die wie ein Rüssel aussieht. Sie hängt über dem Maul. Die Ohren sieht man nicht. Seine Haut ist graubraun bis dunkelbraun. Man sieht fast keinen Hals.

* 4000 Kilogramm

2 Verhalten

See-Elefanten sind meist im Wasser und können tief tauchen. Männliche See-Elefanten kämpfen manchmal miteinander. Dann stellen sie ihren Oberkörper auf und lassen sich auf den Gegner fallen. Danach sind sie oft erschöpft und schlafen tief.

3 Ernährung

See-Elefanten ernähren sich von Fischen, Krebsen und Tintenfischen.

c Wie schwer kann der See-Elefant werden?
Wie kämpft der See-Elefant?

d Kennt ihr noch andere Supertiere?

2 Beschreibe den See-Elefanten.
Beantworte dazu die Fragen.

Zu welcher Tierfamilie gehört der See-Elefant?

Der ______________________ gehört zu den Robben.

Wie schwer wird der See-Elefant?

Der männliche ______________________

wird bis zu ______________________.

Wie sieht der Kopf aus?

Die Nase sieht wie ______________________ aus.

Sie ______________________.

Die Ohren ______________________.

Welche Farbe hat seine Haut?

______________________.

Welche Besonderheiten hat der See-Elefant?

____

____

____

Wovon ernährt sich der See-Elefant?

____

____

3 Was findet ihr am See-Elefanten besonders interessant?
Lest die Sätze eurer Klasse vor.

5 Die Welt der Bücher –
Jugendbücher lesen und vorstellen

1 An welchem Ort lest ihr gerne?
Tauscht euch mit einer Partnerin oder einem Partner aus.

im Wohnzimmer | in der Schulbücherei | in meinem Zimmer | …

2 Was gefällt dir an deinem Lieblingsbuch?
Kreuze an.

- [ ] Es ist spannend.
- [ ] Es hat viele Bilder.
- [ ] Es ist ein Buch für Mädchen.
- [ ] Es ist ein Buch für Jungen.

1 Lies die drei Titel von Jugendbüchern.

2 **a** Welche Figur könnte zu welchem Buch gehören?
Schreibe deine Vermutungen auf die Linie.

b Welche Figur macht dich besonders neugierig?
Kreuze an.

Das Geheimnis des Bücherhüters

3 Warum macht dich die Figur neugierig?
Kreuze passende Sätze an.

- [ ] Die Figur sieht interessant aus.
- [ ] Die Figur wirkt unheimlich.
- [ ] Die Figur ist vielleicht ein Detektiv.
- [ ] Die Figur kommt aus einer anderen Welt.
- [ ] Die Figur ist in meinem Alter.

4 Was haben die Figuren vielleicht erlebt?
Schreibe in dein Heft.
Nutze die Satzanfänge und Hilfen am Rand.
Vielleicht beobachtet der Junge auf einem Friedhof …
Dieser geheimnisvolle alte Mann ist bestimmt …
Ich vermute, die Frau kämpft gegen …

Ungerechtigkeit •
einen Mord •
schlechte Luft •
Detektiv •
einen Diebstahl •
ein Zauberer

Verschiedene Jugendbücher kennen lernen

Eine Detektivgeschichte lesen

1 **a** Lies den gekürzten Text.

Kirsten Boie

Der Junge, der Gedanken lesen konnte. Ein Friedhofskrimi

Wäre doch Artjom bei mir. Ich hätte mich nicht so gruselig gefühlt. […] Die Schubkarre stand ordentlich abgestellt auf dem Plattenweg neben der kleinen Kirche. Wie immer lagen Bronislaws Spaten darauf und die Hacken und die Schaufel, also alles in Ordnung. Was mich stutzig gemacht hat, war die Kiste mit den Begonien*. Die kleinen Blüten der Blumen ließen ihre Köpfe hängen. Manche waren sogar vertrocknet. Bronislaw hätte das seinen Blumen nie angetan. Er hätte sie gleich eingepflanzt oder gegossen. „Bronislaw?", hab ich gerufen. „Bist du hier, Bronislaw?" Es kam aber keine Antwort. Dann bin ich durch den Hintereingang in die kleine Kirche gegangen. […] Bronislaw lag auf dem Boden. Er lag auf dem Bauch und an seinem Hinterkopf war Blut. So sehen die Leichen im Fernsehen aus, nicht dass Mama mich solche Sendungen gucken lässt. „Bronislaw!", hab ich gebrüllt. Ich bin nicht weggerannt. Ich habe mich neben ihm auf die Knie fallen lassen. Und das war von meinem Abenteuer nicht mal der Anfang, das war schon die Mitte. Ich habe es nur nicht gewusst.

* eine Pflanze

b Wie gefällt euch dieser Buchanfang?
Tauscht euch mit einer Partnerin oder einem Partner aus.

2 Welche Fragen hast du nach dem Lesen?
Schreibe sie in dein Heft.
Wer ist …?
Warum …?
Wo …?

3 Was passiert am Anfang des Buches?
Beantwortet die Fragen A bis D zusammen mit einer Partnerin oder einem Partner.

Bronislaw •
ein Erzähler •
ein Gärtner •
ein Fußgänger •
in der Kirche •
in der Stadt •
auf dem Friedhof •
in der Gärtnerei •
in der Zukunft •
früher •
in unserer Zeit •
ein Mord •
ein Diebstahl

A **Wer** kommt in der Geschichte vor? ______________________

B **Wo** spielt die Geschichte? ______________________

C **Wann** spielt die Geschichte? ______________________

D **Was** passiert in der Geschichte? ______________________

4 Wer erzählt die Geschichte?
Tipp: Lies noch einmal die blau markierten Textstellen.
Kreuze an.

- [ ] Der Erzähler ist ein Kind.
- [ ] Der Erzähler ist ein Erwachsener.
- [ ] Der Erzähler kennt Bronislaw sehr gut.
- [ ] Der Erzähler erzählt sein Abenteuer.

5 Wodurch entsteht die Spannung in dieser Geschichte?
Schreibe einen Satz in dein Heft.
Die Geschichte ist spannend, weil …

… man nicht weiß, ob Bronislaw noch lebt. •
… es vielleicht ein Mord war. •
… sie auf einem Friedhof spielt. •
… irgendetwas nicht stimmt, aber man weiß nicht, was das ist.

Die Figuren und den Schauplatz einer Fantasygeschichte kennen lernen

1 a Lies den gekürzten Textauszug.

Corinna Gieseler

Das Geheimnis des Bücherhüters (Auszug)

Hugo Schmalfuß
_Haushaltsauflösungen und Entrümpelungen_* stand auf dem weißen Lastwagen. Das Auto parkte vor dem verfallenen dreistöckigen Haus. Männer in blauen Arbeitsanzügen trugen Möbelstücke, Kartons und Elektrogeräte aus der Eingangstür. Die Tür war ganz mit Efeu bewachsen. Ein Herr in grauem Mantel überwachte das Ganze. Er schaute nervös auf die Straße. Er hatte sich das Haus nicht genau angesehen, denn sonst hätte er viele wunderliche Dinge entdeckt. Unter dem Dach guckten hässliche Fratzen** aus Stein hervor. Auf dem Geländer des kaputten Balkons stand ein Affe aus Stein. Daneben sah man einen Totenkopf. Der altmodische Türklopfer war seltsam geformt. Er bestand aus einer Schlange mit Hörnern und spitzen Giftzähnen. […]
Die Männer trugen alte Möbel, Bilder, Lampen und viele Bücherkisten in den Lastwagen. […] Die letzte Kiste wäre den Muskelmännern beinahe heruntergefallen. Keiner von beiden bemerkte die zwei pelzigen Pfoten. Sie guckten aus der Kiste hervor. Lange, scharfe Krallen zerrten verzweifelt am Karton.
„So, Chef, wir wären dann so weit“, sagte einer von den Männern.
Der Mann im Mantel unterschrieb einen Zettel. […]
Niemand sah die sonderbare Gestalt, die am Fenster des Turmzimmers erschien. V

* alte, kaputte Möbel ausräumen

** verzerrte Gesichter

b Wer könnte die sonderbare Gestalt am Fenster sein?
Kreuze an.

- [ ] der Bücherhüter
- [ ] ein Spion
- [ ] der Bewohner des Hauses
- [ ] der Besitzer des Hauses

2 Welche Textstellen machen dich besonders neugierig?
Markiere sie.

3 In der Geschichte sind noch andere Figuren wichtig.

a Was erfährst du im Text über sie?
Schreibe Stichpunkte auf.

mehrere Männer	
ein Herr	
ein Wesen	

b Was könnte das Wesen in der Kiste sein?
Tipp: Lies die Zeilen 16–19.
Schreibe einen Satz auf.

c Welche Figur ist für dich besonders wichtig?
Schreibe auf.

4 Wo spielt die Geschichte? Beschreibe den **Schauplatz.**
Kreise passende Wörter und Wortgruppen ein.

Eingangstür mit Efeu • geheimnisvoll • modern • dunkel • alt • kleines Haus • dreistöckiges Haus • Balkon • Fratzen aus Stein • Affe und Totenkopf • hell

Die Figuren und der Schauplatz
Die **Personen oder magische Wesen** in einer Geschichte nennt man **Figuren.**
Die **wichtigsten Figuren** in einer Geschichte sind die **Hauptfiguren.**
Der **Ort, wo die Geschichte spielt,** ist der **Schauplatz.**

Den Erzähler untersuchen

1 a Lies die gekürzte Vorgeschichte.

Tanya Lieske

Oma, die Miethaie* und ich (Auszug)

Ein Erzähler** schreibt:

Vorgeschichte

Für Großmutter Henriette Meister war das Essen sehr wichtig. Sie meinte, dass auch ihre Enkelin Salila viel essen sollte, denn sie war im Wachstum. Trotzdem waren an einem Tag alle Vorräte aufgebraucht. Dann fiel Henriette Meister etwas ein. Sie kramte unter der Spüle eine Konservendose hervor.
„Frei laufende Erbsen! Die werden wir jetzt essen."
Sie öffnete die Dose und heraus kamen … Makkaroni mit roter Soße.
„Oma", sagte Salila, „das sind keine Erbsen! Das sind Makkaroni!"
Auf der Dose stand doch drauf, dass es Makkaroni sind."
„Na so was, ich habe Erbsen gelesen", sagte Henriette Meister.
Salila kam das sehr merkwürdig vor.

* Vermieter, die sehr viel Geld für die Miete einer Wohnung verlangen

** Die Geschichte wird von einer unbekannten Person erzählt. Man nennt sie **Er-/Sie-Erzähler.**

b Wie heißen die beiden Figuren in der Geschichte? Schreibe auf.

2 Lies, wie die Geschichte weitergeht.

Ich* schreibe:

1. Kapitel

Ein lautes Hämmern begrüßt mich im Hausflur. […] Das kann nur Oma sein. Es gibt nichts, was man nicht reparieren kann. Das sagt meine Oma immer. […]
Oma kniet am Ende des Flurs und hämmert auf eine Diele** ein. Ich pfeife durch die Zähne, das hat mir Oma beigebracht. […]
„Schon zwölf?", fragt Oma.
„Dienstags komme ich immer um eins."
Oma seufzt. „Gib mir zwei Minuten, ich hab's gleich." V

* Eine Figur erzählt ihre eigene Geschichte in der **Ich-Form.** Sie ist die **Ich-Erzählerin.**

** Teil des Holzfußbodens

3 Die Geschichte hat eine Ich-Erzählerin.
Wie heißt die Erzählerin?
Tipp: Sie ist eine der beiden Figuren aus der Vorgeschichte.
Schreibe auf.

Bücher und andere Medien suchen

Die Bereiche einer Bücherei kennen

In der Bücherei kannst du Bücher zu verschiedenen Bereichen ausleihen.

1 Wie heißen diese Bücher?
Tipp: Sieh dir das Bild genau an.
Ergänze die Sätze.

Bücher über Tiere oder Sachverhalte heißen ______________________.

Bücher in einer fremden Sprache heißen ______________________.

Bücher mit vielen Bildern und Sprechblasen heißen ______________________.

Bücher für Kinder und Jugendliche heißen ______________________.

Bücher mit Geschichten heißen ______________________.

2 Welche Dinge (Medien) kannst du noch ausleihen?
Schreibe auf.

____

____

____

Medien in der Bücherei suchen

1 **a** Du suchst ein Buch über Katzen.
In welchem Bereich findest du das Buch?
Schreibe auf.

____

b Die Bücher im Regal stehen in einer Reihenfolge.
Wonach sind sie geordnet?
Kreuze an.

- [ ] nach Farben
- [ ] nach Themen
- [ ] alphabetisch nach den Titeln

2 Du suchst ein Buch mit dem Online-Katalog.
Was kannst du in den Computer eingeben?
Fülle die Suchmaske aus.

Autor	
Titelwort	
Sachbegriff	
Signatur	
Ersch.-jahr	

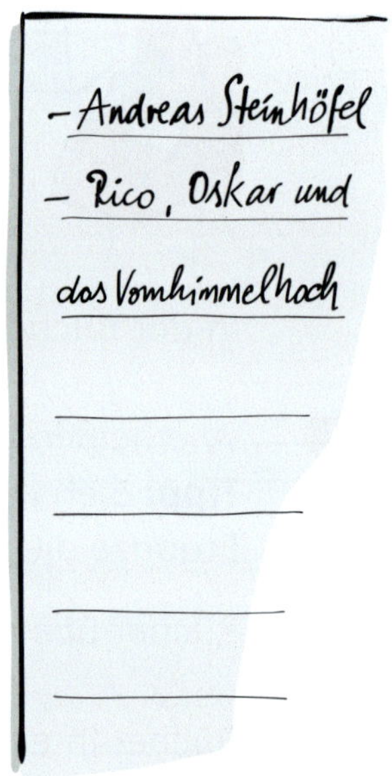

Du hast in der Bücherei online alles ausgefüllt. Jetzt siehst du die Signatur*. Unter der Signatur findest du das Buch im Regal.

* Die Signatur besteht aus Buchstaben und Ziffern.

3 Du suchst ein Buch über Elefanten in Afrika.
Dich interessiert besonders die Lebensweise.
Mit welchen Suchbegriffen kannst du das Buch online finden?
Schreibe auf.

____

____

____

6 Das ist ja zum Lachen! –
Komische Geschichten lesen und verstehen

1 Erzählt eine lustige Geschichte zu dem Bild.
Ihr könnt so beginnen:
Nasreddin hatte einem Mann Geld geliehen und wollte nun sein Geld …

2 Welche Geschichten oder Spaßvögel findet ihr zum Lachen?
Erzählt davon.

Was ist ein Schelm?

Hallo! Manche Menschen finden mich witzig, andere finden mich zauberhaft. Denn ich kann zum Beispiel Gegenstände schweben lassen. Für die Menschen ist das eigenartig. Aber für mich ist es einfach praktisch.

1

Hallo, mein Name ist Till Eulenspiegel. Ich lebte vor mehr als 700 Jahren in Deutschland. Für manche war ich ein Narr. Andere fanden mich klug und witzig. Ich bin oft mit einer Narrenkappe zu sehen oder auch mit einem Spiegel.

Hi, ich bin Greg. Ich bin 11 Jahre alt. Die Menschen halten mich für faul und egoistisch. Sie glauben, dass ich Erwachsene nicht so ernst nehme. Aber ich finde mich ganz okay. Ich schreibe alle meine Erlebnisse in ein Tagebuch.

2

1 **a** Sieh dir die Bilder an.
Welche der Figuren kennst du?
b Beschreibt ihr Aussehen (Kleidung, Figur, Frisur/Haare, Gesichtsausdruck).

2 **a** Was erzählen die Figuren über sich selbst?
Lies die Texte.
b Welche Figur gehört zu welchem Text?
Schreibe die passenden Nummern in die Kästchen.
c Über welche Figur möchtet ihr mehr erfahren?
Sprecht darüber.

3

Hi, mein Name ist Tom Sawyer.
Mit elf Jahren lebte ich bei meiner Tante Polly in Amerika.
Mit meinem Freund Huck Finn habe ich viele Abenteuer erlebt.
Manchmal machten wir Blödsinn und spielten zum Beispiel anderen Streiche.

5

4

Mein Name ist Nasreddin Hodscha.
Ich habe vor 800 Jahren gelebt.
Mein Name ist türkisch und bedeutet „Lehrer“. Meine Weisheit und mein Humor haben mich berühmt gemacht.
Mit Witz und Verstand habe ich den Menschen gezeigt, wie sie wirklich sind.

3 Was macht einen echten Schelm aus?
Tragt gemeinsam Eigenschaften und Merkmale zusammen.
Tipp: Die blau gedruckten Wörter in den Kästen helfen dir.

4 Wählt einen Schelm für eine witzige Geschichte aus.
Was könnte der Schelm tun? Was könnte ihm geschehen?
Sammelt Ideen.

Schelmengeschichten lesen, verstehen und nacherzählen

Eine Schelmengeschichte untersuchen

1 **a** Sieh dir zunächst nur die Bilder an.
b Worum könnte es in der Geschichte gehen? Sprecht darüber.
c Lies die Geschichte.

Paul Maar

Der Bogenschütze

Nasreddin lebte in einem Dorf. Dort wohnte ein berühmter Bogenschütze. Der gab für Geld Unterricht im Bogenschießen. Eines Tages erklärte Nasreddin: „Wer bei mir Unterricht im Bogenschießen nimmt, zahlt nur die Hälfte. Und ich verspreche, dass sein Pfeil immer in der Mitte der Zielscheibe stecken wird!"

Verärgert sagte der berühmte Bogenschütze zu Nasreddin: „Niemand kann seinen Pfeil immer genau in die Mitte der Zielscheibe schießen. Selbst mir gelingt das nicht. Und ich bin der Beste! Wie willst du das einem Anfänger beibringen? Zeig mir doch ein Beispiel deiner Schießkunst!"

„Nichts leichter als das", sagte Nasreddin. Er nahm den Bogen, legte einen Pfeil auf und schoss ihn in eine Holzwand. „Aber da ist doch gar keine Zielscheibe!", rief der berühmte Bogenschütze.

„Noch nicht!", antwortete Nasreddin. Er nahm einen Pinsel und Farbe und malte um den Pfeil herum eine Zielscheibe. Jetzt steckte der Pfeil genau in der Mitte.

V

2 Welche Textstelle findest du am lustigsten? Markiere sie.

3 Nasreddin sagt über seine Schießkünste etwas anderes, als er denkt.
Ergänze die Satzanfänge.
Tipp: Die blau gedruckten Sätze im Text helfen dir.

Er sagt:

Wer bei mir Unterricht ______________________

____

____

____

____

Er denkt:

Die Leute denken, sie treffen ______________________

immer in ______________________

____

____

Ich verspreche, dass ______________________

____

____

4 Beschreibe Nasreddins Aussehen mit Hilfe der Wörter am Rand und der Bilder.
Ergänze die Lücken.

freundlich • alter • weiten, grünen Gewand • weißen Bart

Nasreddin ist ein ______________ Mann.

Er hat einen ______________________ im Gesicht.

An seinem Lachen erkennt man, dass er ______________ ist.

Seine Kleidung besteht aus einem ______________________

______________________.

5 Was macht Nasreddin zu einem Schelm?
Kreuze die richtigen Antworten an.

- [ ] legt andere herein
- [ ] ist feige
- [ ] hat Weisheit
- [ ] hat Böses vor
- [ ] spielt gerne Streiche
- [ ] hat Witz
- [ ] hat Verstand
- [ ] ist dumm

Eine Schelmengeschichte mündlich nacherzählen

1 **a** Sieh dir das Bild* an.
b Welchen Streich hat sich Nasreddin wohl ausgedacht? Sprecht darüber.
c Lies nun die gekürzte Geschichte.

* Auf dem Schild vor Nasreddin steht „Weisheiten zu verkaufen".

Paul Maar

Nasreddins weiser Rat

1 Einmal stellte sich Nasreddin auf den Marktplatz und rief: „Ich habe Weisheiten zu verkaufen! […] Es kostet jeden Zuhörer nur einen einzigen kleinen Zehner!" […]

2 „Ich verrate euch, wie man ohne Arbeit zu Geld kommt!" […]

3 Das wollten die Leute gerne hören. Alle zahlten den geforderten Preis.
Nasreddin sammelte das Geld ein. Er zählte es langsam.
Die Leute wurden ungeduldig und riefen: „Jetzt sag uns schon, wie man zu Geld kommt, ohne zu arbeiten!"

4 Nasreddin steckte das Geld ein und sagte: „Ihr müsst euch auf den Marktplatz stellen und laut rufen, dass ihr Weisheiten verkauft. Danach müsst ihr nur noch das Geld einsammeln und schnell wegrennen!"
Und das tat er dann auch. […] V

2 Lest euch die Geschichte in Partnerarbeit vor.
- Zuerst liest die oder der Erste einen Absatz vor.
- Dann liest die oder der andere den nächsten Absatz vor.

3 Wählt drei Fragen zum Text aus.
Beantwortet die Fragen gemeinsam mündlich.
Tipp: Die blau gedruckten Stellen im Text helfen bei den Antworten.
1 Wo war Nasreddin?
2 Was rief Nasreddin am Anfang?
3 Welche Weisheit wollte er erzählen?
4 Wer wollte gerne die Weisheit hören?
5 Was erzählte er den Leuten, nachdem sie bezahlt hatten?

4 Was passiert der Reihe nach in der Geschichte? Ergänze die Stichpunkte mit Hilfe der Wörter und Wortgruppen am Rand.
Tipp: Lies dazu noch einmal den Text auf der Seite 116.

~~einen Zehner~~ • den Preis • langsam das Geld • Geld kommt, ohne zu arbeiten • stellen • zu verkaufen • einsammeln • wegrennen • zu Geld kommt

– Nasreddin: Marktplatz
– rief: „Weisheiten zu verkaufen!
Es kostet einen Zehner."

– Leute: „Welche Weisheiten?"
– Nasreddin: „Ich verrate euch, wie man ohne
Arbeit ___________."

– Leute zahlten
– Nasreddin zählte
– Leute ungeduldig: „Sag uns schon, wie man
zu ___________."

– Nasreddin steckte das Geld ein
– auf dem Marktplatz
– laut rufen: „Weisheiten ___________!"
– Geld
– schnell

5 Übe mit einer Partnerin oder einem Partner, die Geschichte mit eigenen Worten zu erzählen. Erzählt die Geschichte in der Vergangenheit (im Präteritum).

Eine Schelmengeschichte lesen und verstehen

1 Lies die gekürzte Geschichte.

Eulen und Meerkatzen*

* Affen

[…] Ein Bäcker brauchte Hilfe. Er fragte Till Eulenspiegel: „Willst du bei mir arbeiten?" Till war einverstanden. […] Er fragte: „Was soll ich denn backen?"

Der Bäcker ärgerte sich über die Frage, denn in einer Bäckerei backt man natürlich Brot und Brötchen. Er wurde zornig und sagte: „Back doch Eulen und Meerkatzen!"

[…] Till ging in die Backstube. Er backte lauter Eulen und Meerkatzen. Das hatte der Bäcker gesagt. Der Bäcker kam morgens in die Backstube. Er schimpfte: „Was hast du da gebacken?" Eulenspiegel antwortete: „Eulen und Meerkatzen, genau wie du es gesagt hast." Der Meister schimpfte weiter: „Das kann ich nicht verkaufen. Du bezahlst mir meinen Teig und verschwindest dann!"

Da zahlte Eulenspiegel den Teig. Er verkaufte alle seine Eulen und Meerkatzen auf dem Marktplatz. Eulenspiegel nahm mehr Geld ein, als er dem Bäcker für den Teig bezahlt hatte. V

2 Was denkt der Bäcker? Was sagt der Bäcker?
Ergänze die Satzanfänge.
Tipp: Die blau markierte Textstelle hilft dir.

Der Bäcker denkt etwas anderes, als er sagt.

Warum weiß Eulenspiegel
nicht, was in einer Bäckerei
____
_______________ ?

Dann back doch
_______________ !

Eine Schelmengeschichte verstehen

1 **a** Sieh dir zuerst das Bild an.
b Lies die Überschrift.
c Lies die gekürzte Geschichte.

Erich Kästner

Wie Eulenspiegel Erde kaufte

Ein Herzog* verbot Till nach einem Streich, sein Land noch einmal zu betreten. Till wollte keine Umwege fahren. Deshalb dachte er sich einen neuen Streich aus.

Till Eulenspiegel kaufte sich ein Pferd und einen Karren**. […] Von einem Bauern ließ er sich seinen Karren bis zum Rand voll Erde füllen.

Er setzte sich tief in die Erde. Nur sein Kopf und die Arme schauten hervor. So fuhr Till durch das verbotene Herzogtum. Der Herzog sah Till in seinem Karren. Er hielt ihn an und sagte: „Ich habe dir mein Land verboten. Steig aus! Jetzt wirst du gehängt!"

„Ich bin ja gar nicht in Eurem Land", sagte Till. „Ich sitze in meinem eigenen Land. Ich habe es von einem Bauern gekauft. Nun gehört es mir. Euer Land ist es nicht." Der Herzog sagte: „Verschwinde, du Halunke! Und wenn du noch einmal hierherkommst, hänge ich dich mit Pferd und Wagen!" [V]

* Adliger, Herrscher

** ein Wagen, der von einem Pferd gezogen wird

2 Warum ist diese Geschichte zum Lachen?
a Schreibe die Satzanfänge in dein Heft.
b Ergänze die Satzanfänge mit den passenden Wörtern vom Rand.

Die Schelmengeschichte „Wie Till Eulenspiegel Erde kaufte" erzählt von einem … Treffen.
Die Hauptfigur ist …
Er ist schlau und …
Er spielt einem Herzog …
Till lässt sich mit einem Karren …
Als er in der Erde sitzt, sieht Till … aus.
Dabei ist er …
Der Herzog muss ihn am Ende …

schlau • komischen • einen Streich • lustig • laufen lassen • lächerlich und dumm • Till Eulenspiegel • durch das Land fahren

Komische Geschichten verstehen

1 **a** Sieh dir das Bild an.
b Lies die Überschrift.
c Worum könnte es in der Geschichte gehen? Schreibe einen Satz in dein Heft.
d Lies den gekürzten Text.

Jeff Kinney

Gregs Tagebuch 2 – Gibt's Probleme?

[…] Heute hat Mama uns zu Oma geschickt. Wir sollten bei Oma Laub zusammenharken. Mama hat uns 1 Euro für jeden Sack geboten, den wir vollmachten. Und Oma hat uns heißen Kakao versprochen, wenn wir fertig sind. Ich hatte eigentlich keine Lust, aber ich brauchte das Geld. Außerdem schmeckt der Kakao von Oma echt lecker. Also holten wir die Harken und Plastiktüten und gingen zu Oma. Ich machte die eine Seite vom Garten und mein Bruder Roderick die andere. Nachdem wir zehn Minuten geharkt hatten, kam Roderick zu mir. Er sagte: „Greg, du machst was falsch. Du füllst VIEL zu viel Laub in jeden Sack." Er sagte weiter: „Wenn du die Säcke halbvoll zubindest, bist du viel schneller fertig." […] Und wirklich, es hat dann kaum eine halbe Stunde gedauert. Als wir wieder reinkamen, sah Oma etwas ärgerlich aus. Sie sah die halbvollen Säcke und wollte uns für diese Arbeit keinen Kakao kochen. Aber abgemacht ist abgemacht. […] V

2 Beantworte die Fragen schriftlich.
Tipp: Die blau gedruckten Wörter im Text helfen dir.

Wie heißt die Hauptfigur?

____

Warum war die Oma ärgerlich?

Die Oma sah, dass die Säcke nur ______________________________

______________________________.

Sie wollte deshalb keinen ______________________________

______________________________.

7 Es war einmal –
Märchen lesen und selbst erzählen

1 **a** Welche Märchen kennt ihr?
Nennt die Titel.
b Welche Märchenfiguren erkennt ihr auf dem Bild?
Nennt die Märchenfiguren.
c Welche anderen Märchenfiguren kennt ihr noch?
Erzählt von ihnen.

2 Welches Märchen ist euer Lieblingsmärchen?
Was gefällt euch an dem Märchen?
Erzählt.

Der gestiefelte Kater • Hans im Glück • Die Prinzessin auf der Erbse • Frau Holle • Rapunzel • Kalif Storch

1 a Seht euch die Bilder an.

Was siehst du?

Bild 1:
einen Topf •
der Brei kocht über •
der Brei quillt hinaus •
sie ruft

Bild 2:
ein Mädchen •
einen blauen Topf

Bild 3:
einen König •
drei junge Männer

b Was ist auf den Bildern zu sehen? Erzählt.
Ihr könnt die Hilfen am Rand nutzen.
Auf Bild 1 sehe ich …
Das zweite Bild zeigt …
Auf dem dritten Bild sind … zu sehen.

2 Ordne den Bildern die Märchennamen zu.
Schreibe auf.

Der süße Brei •
Das Töpfchen •
Das seltsamste Ding der Welt

Bild 1: ____________________

Bild 2: ____________________

Bild 3: ____________________

3 a Seht euch die zauberhaften Gegenstände an.
b Wie heißen sie? Erzählt.

der Schlüssel •
die goldene Kugel •
der Zauberstab •
die Wunderlampe •
der Ring

4 a Lies den Märchenanfang.

Der Froschkönig

Es war einmal eine Königstochter.
Sie ging hinaus in den Wald.
Dort setzte sie sich an einen Brunnen.
Sie hatte eine goldene Kugel.
Das war ihr liebstes Spielzeug.
Sie warf die Kugel in die Höhe und fing sie wieder.
Einmal war die Kugel hoch geflogen.
Die Königstochter wollte die Kugel fangen.
Doch die Kugel schlug neben ihr auf die Erde.
Die Kugel rollte und rollte geradezu
in das Wasser hinein … V

b Erzählspiel!
Erzählt das Märchen „Der Froschkönig“ gemeinsam weiter:
- Ihr könnt die Hilfen am Rand nutzen.
- Oder ihr könnt eine Fortsetzung frei erfinden.

1 Frosch bietet Hilfe an
2 will Prinzessin als Freundin
3 Kugel wieder da
4 Prinzessin vergisst Frosch
5 Frosch geht zum Schloss
6 will mit Prinzessin in einem Bett schlafen
7 Prinzessin wirft Frosch an die Wand
8 Frosch wird Prinz
9 Prinzessin und Prinz heiraten

Märchen lesen und untersuchen

1 Was seht ihr auf dem Bild?
Sprecht in Partnerarbeit darüber.

2 **a** Lies das Märchen.

Brüder Grimm

Der süße Brei

Es war einmal ein armes Mädchen. Das lebte mit seiner Mutter allein. Sie hatten nichts mehr zu essen. Da ging das Mädchen hinaus in den Wald. […] Dort schenkte ihr eine alte Frau ein Töpfchen. Das Töpfchen kochte süßen Hirsebrei*, wenn das Mädchen „Töpfchen, koche" zu ihm sagte. Das Töpfchen hörte auf, wenn das Mädchen „Töpfchen, steh" sagte.

Das Mädchen brachte den Topf zu seiner Mutter. Nun hatten sie keinen Hunger mehr. Sie aßen süßen Brei, sooft sie wollten. Einmal war die Mutter allein zu Hause und wollte einen Brei kochen. Sie sprach: „Töpfchen, koche." Das Töpfchen kochte süßen Brei. Die Mutter hatte aber vergessen, wie sie das Kochen beenden konnte. Also kochte das Töpfchen immer weiter.

Der Brei quoll über den Rand hinaus bis auf die Straße. Als fast alle Häuser voll mit Brei waren, kam das Mädchen heim. Sie sprach: „Töpfchen steh." Da hörte es auf zu kochen. Wer nun in die Stadt wollte, der musste sich durch den süßen Brei essen. [V]

* ein Brei aus Getreidemehl

b Worum geht es in dem Märchen?
Erzählt es euch gegenseitig.
In dem Märchen geht es um …

ein armes Mädchen • eine Mutter • ein verzaubertes Töpfchen • Brei quillt über • überall Brei

3 **a** Die märchenhaften Stellen sind im Text markiert.
Lies die markierten Wörter.

b Schreibe die markierten Wörter in eine Tabelle in dein Heft.

typischer erster Satz	Zaubersprüche	magische Gegenstände
…	…	…

Märchen vergleichen

1 a Lies das Märchen.

Ein türkisches Märchen

Das Töpfchen

Es war einmal und es war auch nicht eine arme Frau mit einer Tochter. [...] Einmal kaufte das Mädchen von ihrem Geld kein Brot, sondern einen hübschen Topf auf dem Markt.

Nun hatten sie kein Brot zum Essen. Die Mutter schimpfte mit ihrer Tochter. Sie warf den Topf auf die Straße. Eine Hebamme* fand den Topf auf der Straße. Sie bereitete eine Weinblattroulade** darin zu. Bevor das Essen fertig war, wurde sie zu einer Geburt gerufen.

* ein Frauenberuf, sie hilft bei der Geburt

** gefüllte Weinblätter

Da stand der Topf auf und lief zum Haus des Mädchens. Die Mutter und die Tochter ließen sich die Weinblattroulade gut schmecken. Den Topf warfen sie wieder auf die Straße.

Die Frau eines Fürsten ließ sich den Topf holen. Sie legte ihre Diamanten und Perlen hinein. [...] Da stand der Topf auf und lief zum Haus des Mädchens. Das Mädchen nahm sich den Schmuck und warf den Topf zurück auf die Straße.

Dann kam der Topf zum Prinzen. Der Topf nahm den Prinzen in sich auf. Er brachte den Prinzen zum Mädchen. [...] Das Mädchen trug Diamanten und Perlen. Er fand das Mädchen wunderschön. Sie feierten ihre Hochzeit. Den Topf behielten sie. Sie hatten das Ziel ihrer Wünsche erreicht. Wir wollen auch unser Ziel erreichen. V

b Lest das Märchen im Wechsel mit einer Partnerin oder einem Partner.

2 Warum warf das Mädchen den Topf am Ende nicht mehr zurück auf die Straße? Kreuze an.

Das Mädchen warf den Topf nicht mehr auf die Straße, …

- [ ] … weil es den Topf so schön fand.
- [ ] … weil der Topf ihm so oft geholfen hatte.

3 **a** Die märchenhaften Stellen sind im Text markiert. Lies die markierten Wörter.

b Schreibe die markierten Wörter in die Tabelle in dein Heft.

typischer erster Satz	Zaubersprüche	magische Gegenstände
…	…	…

4 **a** Lies die Tabelle zum Märchen „Das Töpfchen" und die Tabelle zu dem Märchen „Der süße Brei".

b Was ist **gleich?** Was ist **anders?** Beende die Satzfänge.

In beiden Märchen kommt als magischer Gegenstand ein ______________ vor.

Der typische erste Satz ist unterschiedlich.

Im Märchen „Das Töpfchen" ist der erste Satz: ______________

______________.

Im Märchen „Der süße Brei" ist der erste Satz: ______________

______________.

Nur im ersten Märchen gibt es Zaubersprüche. Sie gehen so:

____

5 Welche Inhalte kommen in **beiden** Märchen vor? Kreuze an.

- [ ] ein armes Mädchen
- [ ] ein Prinz
- [ ] eine Mutter
- [ ] eine Hebamme
- [ ] ein magischer Topf
- [ ] Sie hatten nichts zu essen.
- [ ] Das Mädchen lebte allein bei ihrer Mutter.
- [ ] Sie bekamen etwas zu essen.
- [ ] Ein Topf brachte einen Prinzen.

Märchenmerkmale erkennen

1 **a** Was seht ihr auf dem Bild? Erzählt.

b Worum könnte es in dem Märchen gehen? Sprecht darüber.

2 Lest das gekürzte Märchen im Wechsel mit einer Partnerin oder einem Partner. Klärt unbekannte Wörter gemeinsam.

Ein spanisches Märchen

Das seltsamste Ding der Welt

Es war einmal ein König. Der hatte drei Söhne. Die hatten sich in eine hübsche Prinzessin verliebt. Sie gingen zum König und sagten: „Bitte entscheide, wer von uns die Prinzessin heiraten soll." Der König antwortete: „Wer mir das seltsamste Ding der Welt bringt, der darf sie heiraten."

Die Brüder machten sich auf den Weg. Jeder ging in eine andere Richtung. Der Älteste kam in eine Stadt auf einen Markt. Dort fand er einen fliegenden Teppich. Er fragte den Händler: „Was soll der kosten?" Der Händler sagte: „Tausend Taler!" Da gab er ihm das Geld und ging zurück.

Der zweite Bruder kam in ein Dorf, wo ein Händler ein Fernrohr verkaufte. Durch das Rohr konnte man jeden sehen, den man sehen wollte. Er fragte den Händler: „Was soll das kosten?" Der Händler sagte: „Tausend Taler!" Da gab er ihm das Geld und ging zurück.

Der jüngste Bruder kam in eine Stadt. Dort verkaufte ein Händler besondere Äpfel. Wenn Kranke daran riechen, werden sie wieder gesund. Er fragte den Händler: „Was soll ein Apfel kosten?" Der Händler sagte: „Tausend Taler!" Da gab er ihm das Geld und ging zurück. […]

Die Brüder trafen sich. Sie schauten durch das Fernrohr nach der Prinzessin. Die Prinzessin lag sterbenskrank im Bett. Schnell flogen die drei auf dem Teppich zu ihr. Der jüngste Bruder hielt ihr den Apfel unter die Nase. Sie roch daran und wurde schnell wieder gesund.

Die drei Brüder zeigten dem Vater die Gegenstände. [...] Der Vater fand, dass das Fernrohr den größten Dienst getan hatte. Darauf ging der Vater zu der Prinzessin und teilte ihr dies mit ...

3 Das ist noch nicht das Ende des Märchens.
Was meinst du: Wen sollte die Prinzessin heiraten?
Schreibe deine Idee auf.

Die Prinzessin sollte ______________________.

4 **a** Lies das Ende des Märchens.

Und die Prinzessin sagte: „Ich finde, dass der Apfel am wertvollsten ist. Denn er hat mich gerettet. Außerdem mag ich den jüngsten Prinzen am liebsten. Ihn möchte ich heiraten." Die beiden heirateten und waren glücklich. V

b Vergleiche die Entscheidung der Prinzessin mit deiner Idee von Aufgabe 3.

5 Untersuche das Märchen „Das seltsamste Ding der Welt".
Ordne die Begriffe vom Rand zu. Schreibe sie in die Tabelle.

die Figuren und Gegenstände	
die Aufgabe	
die wundersamen Dinge	

das seltsamste Ding der Welt finden

König • Prinzen • Prinzessin • Händler • Teppich • Fernrohr • Apfel

Teppich fliegt • durch das Fernrohr kann man jeden sehen • Apfel heilt Kranke

6 Was macht das Märchen märchenhaft?
Gestaltet nun ein Plakat zu den Märchenmerkmalen.
- Notiert die Überschrift „Märchenmerkmale".
- Notiert die Märchenmerkmale von Aufgabe 5.
- Findet gemeinsam weitere Beispiele.
- Zeichnet passende Bilder.

Märchenmerkmale erkennen

1 Lies die einzelnen Teile des Märchens.
Achtung: Die Märchenteile sind durcheinandergeraten.

L
Der König war traurig über diese Nachricht und wurde krank.
Er versprach jedem das halbe Königreich, der den Prinzen wiederfinden würde.
Auch ein armes Mädchen hörte davon.
Sie dachte sich: „Wie herrlich wäre es, den Prinzen zu finden!"

C
Aber auch am Meer war der Prinz nicht zu finden.
Das Mädchen wollte wieder aufgeben. Da hörte es die Stimme eines Vogels:
„Du warst noch nicht auf der Höhleninsel." Der Vogel war halb verhungert.
Da teilte das Mädchen sein letztes Stück Brot mit ihm.

1 **G**
Es war einmal ein Prinz. Er ging mit seinen Freunden auf die Jagd.
Plötzlich kam Nebel auf. Als der Nebel wieder weg war, war der Prinz verschwunden. Seine Freunde suchten ihn. Sie konnten ihn nicht finden und eilten zum König.

Ü
Das Mädchen machte sich auf den Weg.
Sie suchte schon lange und wollte aufgeben. Da sprach ein Fuchs zu ihr:
„Du hast noch nicht am Meer gesucht!" Der Fuchs war am Verdursten.
Da teilte das Mädchen sein letztes Wasser mit ihm.

K
Auf der Höhleninsel kletterte das Mädchen in eine Höhle.
Dort fand sie den Prinzen. Er war eiskalt und atmete kaum. Das frierende Mädchen teilte ihren Mantel mit dem Prinzen. Da schlug er die Augen auf.
Sie kehrten zurück ins Schloss und blieben glücklich zusammen, solange sie lebten. V

2 **a** Bringe die einzelnen Teile des Märchens in die richtige Reihenfolge.
Tipp: Die markierten Wörter helfen dir dabei.
b Schreibe das Lösungswort auf.

3 Vergleiche deine Lösung mit einer Partnerin oder einem Partner.

Ein Märchen weitererzählen

1 Lies das Märchen.

Die Prinzessin und der Schäfer

Es war einmal ein König, der hatte eine Tochter. Eine der Damen im Schloss war neidisch* auf die hübsche Prinzessin. Niemand ahnte, dass die Dame in Wahrheit eine böse Fee war. Eines Tages stahl sie das Hündchen der Prinzessin. Sie sperrte es in eine verzauberte Hütte. […]

Die Prinzessin trauerte um ihr liebstes Haustier. Der König versprach: „Wer das Hündchen wiederfindet, der darf die Prinzessin heiraten." Niemand fand das Hündchen.

Als der König schon alle Hoffnung verloren hatte, kam der Schäfer des Königs zum Schloss …

* etwas dem oder der anderen nicht gönnen

2 a Wie könnte das Märchen weitergehen? Seht euch das Bild an.

b So könnte das Märchen weitergehen. Verbindet die Satzteile miteinander.

- **1** Der Schäfer sagte, dass sein Hund
- **2** Daraufhin gingen der Schäfer, sein
- **3** Der Schäfer hatte einen Zauberknochen und ließ seinen
- **4** Sofort nahm der Schäferhund die
- **5** Er führte sie zu einem lieben Raben, der
- **6** Die Prinzessin öffnete die Zauberhütte und
- **7** Der Schäfer und die Prinzessin heirateten und waren

- **A** Hund und die Prinzessin in den Wald.
- **B** das Hündchen aufspüren könnte.
- **C** Spur auf.
- **D** Hund daran riechen.
- **E** freute sich über ihr Hündchen.
- **F** glücklich bis ans Lebensende.
- **G** den Schlüssel zu der Zauberhütte übergab.

c Schreibe die Fortsetzung des Märchens in dein Heft.

8 Tierischer Spaß – Gedichte verstehen, vortragen und gestalten

1 **a** Was seht ihr auf dem Bild? Betrachtet es.

> Auf dem Bild sind …

> Auf dem Bild sehe ich …

b Lest die zwei Sätze auf dem Bild langsam vor.

2 **a** Schreibe die einzelnen Wörter auf Karteikarten.

Achtzig

alte

b Lest die Wörter nacheinander vor.
Versucht, immer schneller zu werden. Wechselt euch ab.

3 **a** Sortiert die Wörter zu einem passenden Satz.
b Schreibt den Satz in euer Heft.
c Übt den Satz mit einer Partnerin oder einem Partner.

hundert • höfliche • Hunde • helfen • hinkenden • Hennen • hinüber

Kleiner Dackel
Humpel, wackel, **wackel,**
da läuft ein kleiner **Dackel.**
Jetzt läuft er in das **Haus**
und du bist **raus.**

I caught a fish
One, two, three, four, **five**
I caught a fish **alive.**
Six, seven, eight, nine, **ten**
I let it go **again.**

Übersetzung von **I caught a fish:**
Ich habe einen Fisch gefangen
Eins, zwei, drei, vier, fünf,
ich habe einen lebenden Fisch gefangen.
Sechs, sieben, acht, neun, zehn,
ich lasse ihn wieder ziehen.

1 **a** Lies die Abzählreime **Kleiner Dackel** und **I caught a fish.**
b Lest einer Partnerin oder einem Partner die Abzählreime vor.
c Tauscht euch aus:
- Kennt ihr noch andere Abzählreime?
- Wann braucht man einen Abzählreim?

d Probiert einen Abzählreim in der Gruppe aus.

2 Die Abzählreime kann man sich so gut merken, weil sich die Wörter am Ende reimen.
Zum Beispiel: Haus – Maus
a Sieh dir die markierten Wörter an.
b Schreibe die Reimwörter in dein Heft.

Beispiel: wackel – Dackel

3 Kennt ihr noch andere Abzählreime?
Tragt sie vor.

A Wachsam, flink und **frei**
durch Weizen, Mais und **Klee**
…

B Er treibt kein' Sport und schlägt doch **Räder,**
in Grün und Gelb und **Blau,**
…

C Wohin sie geht, kommt mit ihr **Haus,**
sie klebt an Wand und **Ecke,**
…

1 sogar bei Regen kommt sie **raus,**
die langsam kriechende **Schnecke.**

2 springt querfeldein **herbei**
das scheue, kleine **Reh.**

3 wird sehr bewundert für jede **Feder,**
das ist der stolze **Pfau.**

4 **a** Lies die Verse*. Links steht der Anfang eines Verses.
Auf der rechten Seite steht das Ende.
b Welche Verse gehören zusammen?
Verbinde die Kästchen miteinander.
Tipp: Achte auf die farbigen Reimwörter.

* Verse sind einzelne Sätze oder Wörter, die in einer Reihe oder Zeile stehen. Alle Verse zusammen ergeben ein Gedicht.

5 **a** Suche dir ein Mini-Gedicht A, B oder C von dem Bild oben aus.
Schreibe es in dein Heft.
b Tragt das Gedicht einer Partnerin oder einem Partner vor.
Tragt es einmal fröhlich und einmal traurig vor.

6 Finde noch mehr Reimwörter. Ordne sie in die Tabelle ein.

~~der Tee~~ • das Ei • die Maus • raus • sei • der Schnee • die Laus • bei • der See

frei	der Klee	das Haus
	der Tee	

Gedichte untersuchen und vortragen

Reime in Gedichten entdecken

1 **a** Lies die Überschrift.
b Sieh dir die Bilder an.
c Tauscht euch aus: Worum geht es in dem Gedicht wohl?
d Lest das Gedicht mit einer Partnerin oder einem Partner.
e Ordnet den Bildern die richtigen Absätze zu.
Schreibt die Zahlen in die Kästchen.

Joachim Ringelnatz

Die Feder

1 Ein Federchen flog über **Land;**
Ein Nilpferd schlummerte im **Sand.**

2 Die Feder sprach: „Ich will es **wecken!“**
Sie liebte, andere zu **necken*.**

3 Aufs Nilpferd setzte sich die **Feder**
Und streichelte sein dickes **Leder.**

4 Das Nilpferd öffnete den **Rachen**
Und musste ungeheuer **lachen.**

* necken: ärgern

f Worum geht es in dem Gedicht?
Sprecht darüber mit eurer Partnerin oder eurem Partner.

Da fliegt eine Feder durch die Luft.

Unter der Feder …

g Beende den Satz.
Das Nilpferd musste lachen, weil ____________________.

Zwei Wörter reimen sich, wenn die Endungen der Wörter gleich sind oder gleich klingen: Haus – Maus.

2 Schreibe die Reimwörter aus dem Gedicht in dein Heft.
Markiere die gleichen Endungen.
Land – Sand,

3 **a** Lies das gekürzte Gedicht.

Peter Hacks

Irrtümer

1 Eine rosarote **Katze,**
Eine himmelblaue **Maus**
Treffen sich am **Antonplatze**
Und erkennen sich **durchaus.**

2 Und die Maus will sich **verstecken,**
Und dann sagt sie: Keine **Not,**
Nie sah ich das Maul sich **lecken**
Eine Katze **rosenrot.**

3 Und die Katze nahet **leise,**
Bleckt den Zahn und steilt den **Bart,**
Bis sie ihrer **Mittagsspeise**
Sonderbares Fell **gewahrt*.**

4 Und sie läßt die Maus am **Leben**
Wiederum auf Grund des **Blaus,**
Und sie spricht: Das kanns nicht **geben,**
Eine himmelblaue **Maus.** […] R

* gesehen

b Lies jede Strophe** einzeln.
c Trage die richtige Strophe (1, 2, 3 und 4) ein.

** Abschnitte in einem Gedicht werden Strophen genannt.

Strophe	
______	Die Katze schleicht sich an. Sie möchte die Maus fressen. Doch dann erblickt sie das besondere Fell der Maus.
1	Eine Katze und eine Maus begegnen sich auf einem Platz. Sie kennen sich.
______	Zuerst will die Maus sich verstecken. Dann sieht sie das rosa Fell der Katze. Sie glaubt nicht, dass eine Katze mit einem rosa Fell sie frisst.
______	Weil die Maus so ein schönes, blaues Fell hat, frisst die Katze die Maus nicht.

4 Schreibe die Reimwörter in dein Heft.
Markiere die gleichen Endungen.
Achtung: In diesem Gedicht reimen sich die Wörter in jedem zweiten Vers.

Katze – Antonplatze
Maus – durchaus

Die Form von Gedichten untersuchen

1 **a** Lest das Gedicht mit einer Partnerin oder einem Partner.

Joachim Ringelnatz

Der Ohrwurm mochte die Taube nicht leiden

1 Der Ohrwurm mochte die Taube nicht leiden.
Sie hasste den Ohrwurm ebenso.
Da treffen sich eines Tages die beiden
In einer Straßenbahn irgendwo.

2 Sie schüttelten sich erfreut die Hände
Und lächelten liebenswürdig dabei
Und sagten einander ganze Bände*.
Von übertriebener Schmeichelei**.

3 Doch beide wünschten sich im Stillen,
Der andre möge zum Teufel gehn***.
Und da es geschah nach ihrem Willen,
So gab es beim Teufel ein Wiedersehn.

* einander ganze Bände sagen: sich viel erzählen

** dem anderen etwas Nettes sagen

*** er möge zum Teufel gehen: ihn nicht leiden können, ihm Böses wünschen

b Worum geht es in den einzelnen Strophen?
Erzählt es euch gegenseitig.

In Strophe 1 wird beschrieben, dass der Ohrwurm und die Taube sich …

Sie treffen sich in …

c Beantworte die Fragen in deinem Heft.
- Was **könnten** der Ohrwurm und die Taube in Strophe 2 zueinander **sagen?**
- Was **denken** sie in Strophe 3 eigentlich übereinander?

Tipp: Du kannst die Hilfen am Rand nutzen.

„Oh, wie schön, dich zu treffen!" •
„Ich kann den Ohrwurm nicht leiden. Zum Teufel soll er gehen!" •
„Ja, ich freue mich auch, dich zu sehen!" •
„Ich hasse die Taube. Zum Teufel soll sie gehen!"

2 Markiere die Reimwörter in dem Gedicht.
Nimm für Wörter, die sich reimen, dieselbe Farbe.
Tipp: In manchen Gedichten reimen sich die Wörter in jedem zweiten Vers*.

* Die Wörter und Sätze, die in einem Gedicht in einer Zeile oder Reihe stehen, werden Vers genannt.

3 Lies das Gedicht.

Johann Wolfgang Goethe

Die Frösche

1 Ein großer Teich war zugefroren;
die Fröschlein, in der Tiefe verloren,
durften nicht ferner quaken noch springen,
versprachen sich aber, im halben Traum:
Fänden sie nur da oben Raum,
wie Nachtigallen wollten sie singen.

2 Der Tauwind kam, das Eis zerschmolz,
nun ruderten sie und landeten stolz
und saßen am Ufer weit und breit
und quakten wie vor alter Zeit.

4 Was passiert in dem Gedicht?
Erzählt es euch gegenseitig.

5 Bringe die Sätze in die richtige Reihenfolge.

- [ ] Die Frösche möchten gerne an die Oberfläche und so schön singen wie ein Vogel.
- [ ] Im Frühling schmilzt das Eis.
- [ ] Sie können sich nicht bewegen. Sie können nicht quaken.
- [1] Es ist Winter. Ein Teich ist zugefroren.
- [ ] Auf dem Grund des Teiches sind Frösche. Sie können nicht nach oben.
- [ ] Die Frösche schwimmen ans Ufer.
- [ ] Nun sitzen die Frösche am Ufer und quaken wieder.

6 Male ein passendes Bild zu jeder Strophe.

7 Markiere die Reimwörter in dem Gedicht.
Nimm für Wörter, die sich reimen, dieselbe Farbe.

Gedichte wirkungsvoll vortragen

1 **a** In dem Gedicht geht es um Otto und seinen Hund – einen Mops. Sieh dir die Bilder an.

b Lies das Gedicht Vers für Vers.

Ernst Jandl

ottos mops

ottos mops trotzt
otto: fort mops fort
ottos mops hopst fort
otto: soso

otto holt koks
otto holt obst
otto horcht
otto: mops mops
otto hofft

ottos mops klopft
otto: komm mops komm
ottos mops kommt
ottos mops kotzt
otto: ogottogott

c Lest das Gedicht in drei Rollen:
Ottos Mops (blau), Otto (orange), Otto (grün).

d Überlegt und tauscht euch aus:

„Was **macht** Ottos Mops in dem Gedicht?"

„Was **sagt** Otto?"

„Was **macht** Otto?"

2 Seht euch das Gedicht an.
Was fällt euch auf?
Tauscht euch darüber aus.

3 Lies das Gedicht.

Dirk Held

Das Faultier

1 Ein **Faultier** hängt im **Baume,** |
ich häng es auch **nicht** ab, |
es **wippt** so **nett** im **Traume:**
wipp wapp |
wipp wapp |
wipp wapp. |

2 Nicht **einen** Finger siehst du,
den das Faultier **regt,** |
es wird von einem **leichten** Wind
und **Geisterhand** bewegt.

3 Es schau |
es schau |
es schaukelt, |
bis der **Wind** sich legt, |
und **was** es dann **danach** tut,
hat's noch **nicht überlegt.**

4 Wovon handelt das Gedicht?
Schreibe die passende Strophe vor die Sätze.

[ ] Ein Faultier wird durch den leichten Wind hin- und hergeschaukelt.

[ ] Ein Faultier hängt in einem Baum und schaukelt im Traum hin und her.

[ ] Es schaukelt so lange, bis der Wind wieder weg ist. Was es danach macht, weiß es noch nicht.

5 Übt das Gedicht für den Vortrag.

Die Tipps helfen euch dabei:
Tipp 1: Betont die **fett gedruckten Wörter** besonders.
Tipp 2: Lasst an den Stellen eine kurze Pause: |
Tipp 3: Sprecht die unterstrichenen Wörter besonders langsam.
So könnt ihr die langsamen Bewegungen des Faultiers ausdrücken.

Gedichte schreiben

Station 2: Ein eigenes Tiergedicht schreiben

1 Schreibe dein eigenes Tiergedicht.
Suche dir ein Tier aus. Kreise ein.

2 **a** Schreibe dein Tier in die Mitte des Ideensterns.
b Welche Wörter aus der Wörterliste passen zu deinem Tier? Schreibe sie in die Kästchen.
c Schreibe noch eigene Ideen dazu.

das Fell • die langen Ohren • die Möhre • das Halsband • die Kunststücke • hoppeln • jagen • spielen • das Körbchen • der Stall • die Maus • springen • weiß • braun • bellen • der Bau • der Baum

3 Finde einige Reimwörter zu deinen gesammelten Wörtern.
Schreibe die Wortpaare jeweils auf.

Beispiele:
Fell – hell • Möhre – höre • Bau – schlau • Baum – Traum • Nase – Vase • spielen – fielen

4 **a** Schreibe dein eigenes Gedicht ins Heft.
– Es kann eine Strophe oder zwei Strophen haben.
– Setze die Reimwörter immer an das Ende der Verse.
So kannst du beginnen:
Der Hase sitzt in seinem Bau, …
oder: *Die Katze sitzt auf einem Baum, …*
oder: *Der Hund ist bekannt für seine gute Nase, …*

b Überlege dir eine passende Überschrift.
Schreibe sie über dein Gedicht.

9 Schauspielerei –
Szenen spielen und untersuchen

1 Beschreibt das Bild:
- Woran erkennt ihr, dass wir im Theater sind?
- Worum geht es?
- Welchen Gesichtsausdruck haben die Darsteller?

2 Habt ihr schon einmal eine Theateraufführung besucht? Habt ihr vielleicht sogar selbst einmal Theater gespielt? Erzählt davon.

3 Vergleicht eine Theateraufführung mit einem Film im Kino oder im Fernsehen. Tragt Gemeinsamkeiten und Unterschiede zusammen.

Auf der Bühne – Hinter der Bühne

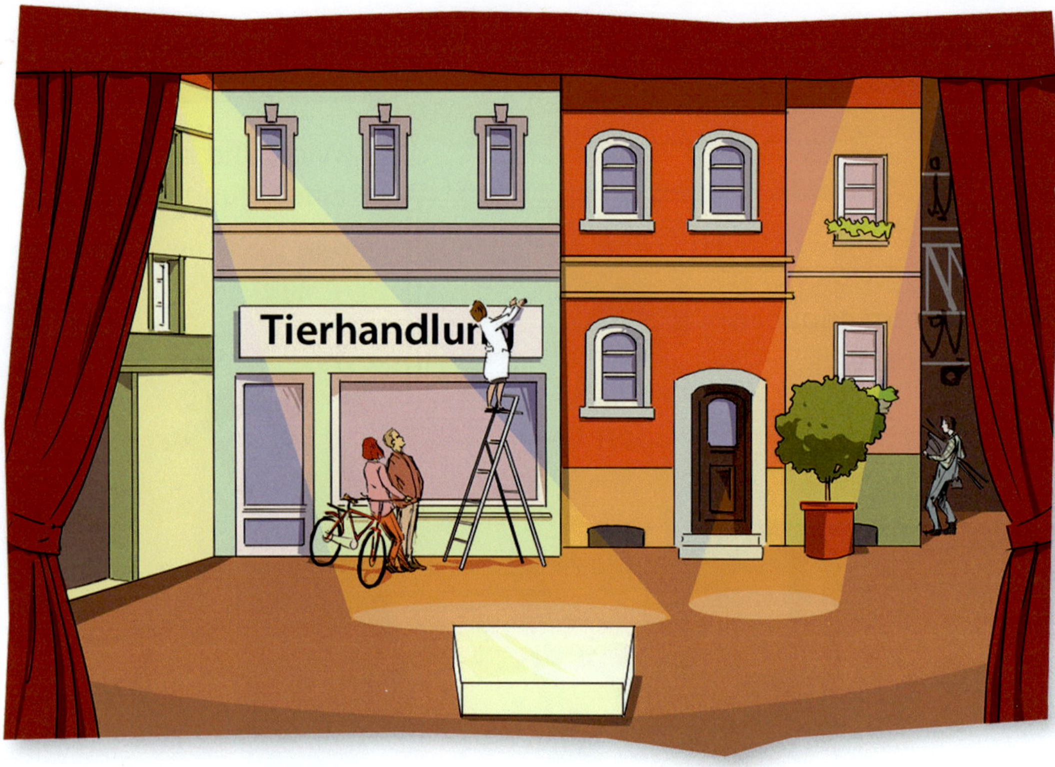

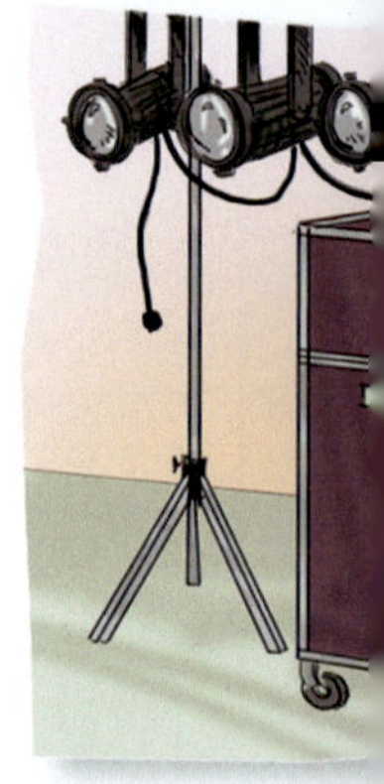

1 Was könnt ihr alles im Theater entdecken?
- Was seht ihr auf den Bildern? Beschreibt.
- Wo befinden sich die verschiedenen Personen? Was tun sie? Erklärt es.

die Bühne • die Schauspieler • die Zuschauer • der Vorhang • die Kostüme • die Dunkelheit • das Licht • der Technikraum • das Steuerpult • der Eingang • die Garderobe • das Zubehör (die Requisiten) • schminken • die Maske

2 Tauscht euch über die Berufe im Theater aus.
Welche Aufgaben würdet ihr gern einmal übernehmen?

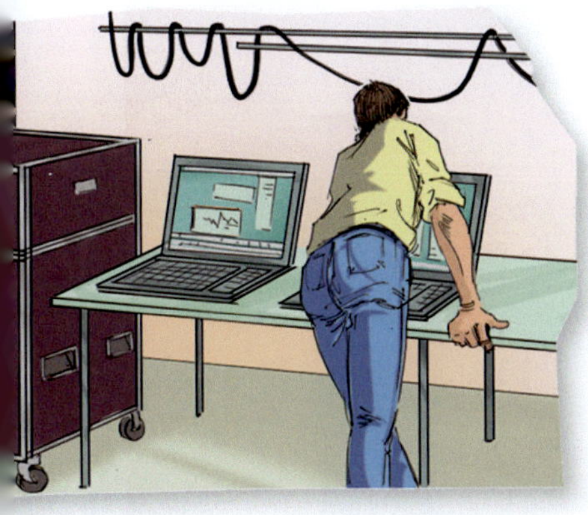

Ein Tier für Frau Schmitt (Szene 1)

Heftiges Türklingeln.

Frau Schmitt: Nun mal langsam. Ich komme ja schon. [...]

Frau Schmitt geht zur Tür und öffnet sie.

Jan: Frau Schmitt, wir haben eine supertolle Idee!

Tine: Ja, die tollste Idee überhaupt, damit Sie nicht mehr so traurig sind!

Frau Schmitt: Ihr macht mich richtig neugierig.

Jan: Sie sollten sich einen Hund anschaffen!

Tine (eifrig): Ja. Dann wären Sie nicht mehr so allein. Und wenn Sie mal keine Lust haben, dann können wir ja mit dem Hund spazieren gehen.

Frau Schmitt (lacht): Aha! Eigentlich wünscht ihr euch also einen Hund?

Tine, Jan (ertappt, verlegen): Na ja …

Tine (schnell): Unsere Eltern erlauben uns aber kein Haustier.

3 Welches Stück wird gerade im Probenraum geübt? Lies den Text durch.

4 Lest den Text mit verteilten Rollen.

5 Spielt die kurze Szene. Denkt euch verschiedene Gesichtsausdrücke* und Bewegungen** aus.

* wird auch als Mimik bezeichnet

** dies ist die Gestik (besonders die Bewegung der Hände und des Kopfes)

Spielen mit und ohne Worte

Gefühle und Situationen darstellen

1 Sieh dir die Bilder an.

1

2

3

2 **a** Beschreibt die **Körperhaltungen** (Gestik) und die **Gesichter** (Mimik) auf den Fotos.
Welche Gefühle und Stimmungen erkennst du?

b Probiert mit einer Partnerin oder einem Partner die Körperhaltungen und Gesichtsausdrücke aus.

3 **a** Wählt **drei Gefühle** aus dem Kasten aus.
Kreist sie ein.

b Stellt sie stumm dar (Standbild).
Ihr könnt euch auch bewegen (Pantomime).

c Erratet gegenseitig die dargestellten Gefühle.

glücklich • überrascht • traurig • ängstlich • energiegeladen • fröhlich • verzweifelt • unsicher • wütend • neugierig

4 Probiert folgende **Bewegungen** (Pantomime) aus:
wandern, schlendern, schleichen, stolzieren, hasten.

5 **a** **Spielt** die kleine Szene „An der Bushaltestelle" **zu zweit oder zu dritt.**
Ihr steht an einer Bushaltestelle und kennt euch nicht.
Es ist kalt und ihr wartet vergeblich auf den Bus.
Dabei kommt ihr ins Gespräch.
Ihr friert und seid ärgerlich, weil der Bus nicht kommt.

b 1. Legt fest, wer mit dem Reden beginnt.
2. Jeder denkt sich seinen ersten Satz aus.
3. Dann spielt einfach weiter.

Tipp: Mit der Stimme könnt ihr ausdrücken, wie ihr euch fühlt:
– laut und wütend, leise und ängstlich, genervt.
Mit dem Gesichtsausdruck könnt ihr auch eure Gefühle ausdrücken:
– traurig, fröhlich, wütend, ängstlich.

Szenen verstehen und spielen

1 **a** Lies die Szene.

Ein Tier für Frau Schmitt (Fortsetzung Szene 1)

Frau Schmitt (lacht): Aha. Eigentlich wünscht ihr euch
also einen Hund.
Tine, Jan (ertappt, verlegen): Na ja …
Tine (schnell): Unsere Eltern erlauben uns aber kein
Haustier.
Aber für Sie wäre ein Hund doch toll.
Er würde Sie morgens begrüßen und immer da sein.
Frau Schmitt: Ein Hund ist eine gute Idee. Aber er darf
nicht zu groß sein.
Meine Wohnung hat nur zwei Zimmer. Vielleicht einen
Rauhaardackel.
Tine: Opa hat einen, der ist so süß.
Frau Schmitt: Aber Hunde brauchen viel Auslauf.
Wenn der Hund muss, muss ich vom zweiten Stock
hinunter in den Park.
Und das zwei- bis dreimal am Tag.
Ob ein Hund wirklich das Richtige für mich ist? Ich werde ja bald achtzig.
Tine: Dann nehmen Sie doch eine Katze; die kann alleine in den Hof.
Frau Schmitt: Dann müsste eine Katzenklappe in die Balkontür eingebaut werden.
Jan: Was ist mit einer Schildkröte? Die braucht nicht so viel Bewegung.
Frau Schmitt: Als Kind hatte ich mal eine.
Irgendwann hat der Nachbarshund gedacht, sie wäre ein Knochen.
Tine (mitfühlend): Das ist ja schrecklich!
Jan: Wir gehen mal in die Tierhandlung.

b Lest die Szene mit verteilten Rollen: Tine, Jan, Frau Schmitt.

2 Beantworte die Fragen.
Kreuze die richtige Antwort an.

Warum wäre ein Tier für Frau Schmitt gut?
Für Frau Schmitt wäre ein Tier gut, …

☐ weil die Kinder einen Hund haben wollen.
☐ weil Frau Schmitt einsam ist, denn ihr Mann ist gestorben.
☐ weil Frau Schmitt Bewegung haben will.

Was wollen die Kinder?

☐ Sie wollen Frau Schmitt eine Katze schenken.
☐ Sie wollen, dass Frau Schmitt sich ein Haustier zulegt.
☐ Sie wollen von Frau Schmitt eine Schildkröte haben.

3 **a** Lies die Szene 2.

Ein Tier für Frau Schmitt (Szene 2)

Frau Schmitt, Tine und Jan in der Tierhandlung.

Tine (ekelt sich): Ihhhh, Vogelspinnen! Diese haarigen, schwarzen Beine!

Jan (cool): Typisch Mädchen. Ich würde die Spinne sofort in die Hand nehmen.

Tine: Ja, klar. Angeber!

Frau Schmitt steht vor einem Käfig mit einem grün-blauen Papagei.

Papagei Pipo (wie ein Papagei sprechen): Jo, jo, jo – tüüüüüüüt – gägägägä – dumme Nuss. Dumme Nuss.

Tine und Jan kichern.

Der Papagei krächzt.

Verkäuferin (entschuldigend): Unser Pipo ist ein sehr liebes Tier. Er ist nur im Moment etwas einsam. Seine Freundin ist gerade verkauft worden. Meistens sagt er nur nette Sachen.

Papagei Pipo: Scheiße heute – pupsi – ding – dong – tschok, tschok, tschok (krächzt nervig).

Verkäuferin (ermahnend): Pssst, Pipo.

Frau Schmitt: Aber er spricht gern.

Tine (grinsend zu Frau Schmitt): Mit dem wird es Ihnen bestimmt nicht langweilig.

Frau Schmitt: Ja, das glaube ich auch. (zu der Verkäuferin) Ich nehme den Papagei.

b Lest Szene 2 mit den fünf Rollen:
Tine, Jan, Frau Schmitt, Papagei, Verkäuferin.
Eine weitere Person liest die Regieanweisungen (blaue Wörter und Sätze).

4 Welche Aufgabe haben die blauen Wörter und Sätze?
Ergänze den Satzanfang.
Tipp: Verwende folgende Wortgruppen.

> wo sich die Figuren befinden • wie die Figuren sprechen •
> wie der Gesichtsausdruck ist (die Mimik) • wie die Figuren sich bewegen sollen (die Gestik)

Die blauen Wörter und Sätze sind Regieanweisungen.
Sie haben die Aufgabe, den Schauspielerinnen und Schauspielern zu beschreiben, wo sich

Eine Fernsehserie untersuchen

1 Was seht ihr gern im Fernsehen?
Berichtet darüber.

2 Neben dem Fernsehgerät gibt es weitere Geräte, mit denen ihr Filme, Serien und Kindersendungen sehen könnt.

a Nennt verschiedene Geräte und Möglichkeiten.

b Tauscht euch über Vorteile und Nachteile aus.

3 Kennt ihr die Serie „Tiere bis unters Dach"?

a Lest die folgenden Informationen über die Serie und über die Hauptfiguren.

b Seht ihr die Serie oder würdet ihr sie gern ansehen?
Tauscht euch mit einer Partnerin oder einem Partner darüber aus.

„Tiere bis unters Dach" ist eine Familienserie.
Sie spielt im Schwarzwald.
Es wurden über 90 Folgen gedreht.
Die jungen Heldinnen und Helden retten Wasserbüffel, Biber, Pferde und Kaninchen.
Außerdem lösen sie viele Probleme des Alltags.
Das neue Zuhause der Familie ist ein wunderschönes, altes Landhaus mit Wiesen, Wäldern und einem Garten.
Es bietet genug Platz für die Tierarztpraxis, für die Familie und für jede Menge Tiere.
Zur Familie gehören die Nichte Nelly, Helena Brüggemann und ihre Tochter Leonie.
Nelly liebt es, auf dem Pferdehof von Petra Krämer zu helfen und sich um die Pferde zu kümmern.

Figuren der Fernsehserie kennen lernen

1 Lies die Beschreibungen der Figuren.

Dr. Philip Hansen hat in Waldau eine Tierarztpraxis. Er ist in seinem Beruf sehr gut. In Notlagen sorgt er für Tier und Mensch.

Helena Brüggemann lebt mit Philip und ihrer Tochter zusammen in dem alten Landhaus. Sie ist die Mutter von Leonie.

Nelly Spieker ist die Nichte vom Tierarzt. Sie ist sehr abenteuerlustig. Wenn sie eine Sache wichtig findet, kämpft sie dafür. Wegen ihrer Ehrlichkeit gerät sie manchmal mit den Erwachsenen in Streit.

Jan Kalkbrenner geht mit Leonie in eine Klasse. Er lebt mit seinem Vater auf dem Reiterhof, aber er gewöhnt sich nur langsam an den Umgang mit den Pferden.

Jakob Krämer ist Petras Onkel. Er hilft Petra, so sehr er kann. Er ist viel gereist und versteht etwas vom Leben.

Leonie Brüggemann ist Helenas Tochter. Ihr gefiel zuerst nicht, dass ihre Mutter sich in Philip verliebt hat. Aber das Leben in der Natur und die vielen Tiere begeistern sie.

Petra Krämer besitzt einen großen Reiterhof am Rande von Waldau. Petra hat sich in Jans Vater Martin verliebt.

2 Welche Figur findest du am interessantesten? Begründe.
Tipp: Die Eigenschaften unter den Linien können dir helfen.

Ich finde ______________________________ am

interessantesten, weil ______________________________ wirkt.

(cool/nett/schlau/ehrlich/witzig/abenteuerlustig)

10 Rund um den Hund – Sachtexte verstehen

1 Was seht ihr auf dem Bild?
Beschreibt das Bild mit Hilfe der Angaben am Rand.
Auf dem Bild sehe ich …

- einen Hund
- ein Mädchen
- eine Frau
- eine Wiese
- einen Weg

2 Was habt ihr schon mit Hunden erlebt?
Erzählt eure Erlebnisse.

3 Wo kannst du Informationen über Hunde finden?
Kreuze an.

- [ ] in einem Buch mit Tierwitzen
- [ ] in einem Buch mit Märchen
- [ ] in einem Lexikon
- [ ] auf einer Internetseite über Hunde
- [ ] in einem Sachbuch über Hunde

1 **a** Sieh dir das Bild an.
Was ist auf dem Bild zu sehen?
b Lies die Sprechblasen.
c Was erzählt der Junge über seinen Hund Charly?
Erzählt.

2 Was tun Hunde oft? Was können sie gut?
Verbinde die Satzanfänge mit den passenden Satzenden.

Hunde jagen oft nach …	sie Angst haben.
Hunde bellen, wenn …	Bällen.
Hunde können gut …	riechen.

3 Was möchtest du über Hunde wissen?
Schreibe drei Fragen auf.
Beispiel: Was fressen Hunde am liebsten?

Was …? • Wie …? • Wo …? • Wer …? • Wann …? • Warum …? • schlafen • spielen • bellen • trinken • fressen • lernen

4 **a** Lies den Zeitungstext.

Beliebte Hunderassen: Der Labrador Retriever

Der Labrador Retriever wird bis zu 13 Jahre alt. Er ist freundlich und klug.

Vorfahren aus Nordamerika

Die Vorfahren dieser Hunderasse kamen vermutlich aus Neufundland. Dort halfen sie […], Fische aus dem Wasser zu holen. Ende des 18. Jahrhunderts brachten Seeleute einige dieser Hunde mit nach England. […]

Stärken und Schwächen der Hunderasse

Der Labrador Retriever möchte sich viel bewegen. Am liebsten bewegt er sich im Wasser. Er jagt gern Stöckchen und Bällen hinterher. Aber er ist nicht gern allein. […] Als Wachhund ist er nicht geeignet. V

b Worum geht es in dem Zeitungstext? Kreuze an.

In dem Text geht es um …

☐ die Ernährung der Hunde.

☐ die Hunderasse Labrador Retriever.

☐ ein Sachbuch zum Thema Hunde.

5 Schreibe die Informationen zum Labrador Retriever auf.

1. Wie alt werden die Hunde? (das Alter: Zeile 1)

2. Welche Eigenschaften haben sie? (die Eigenschaften: Zeile 2)

3. Woher kamen sie? (die Herkunft: Zeilen 3 bis 5)

4. Was sind ihre Stärken? (die Stärken: Zeilen 10 bis 12)

5. Was sind ihre Schwächen? (die Schwächen: Zeilen 13 und 14)

Sachtexte lesen und verstehen

Einen Sachtext lesen und verstehen

1 **a** Lies die Überschrift.
b Sieh dir das Bild zum Text an.
c Beende den Satzanfang.

In dem Text geht es um ____________________

____________________.

2 Lies die markierten Wörter.

Der Hund – Freund und Helfer des Menschen

1 Hunde waren noch nicht immer zahme[1] Haustiere. Sie stammen vom wilden Wolf ab. […]

2 Hunde haben gute Spürnasen[2]. Die Nase ist für den Hund sehr wichtig. Hunde nehmen ihre Umwelt[3] vor allem über die Gerüche[4] wahr. Sie können aber auch sehr gut hören. Hunde können Töne hören, die Menschen nicht wahrnehmen[5] können.

3 Hunde können sehr gut riechen und hören. […] Deshalb werden manche Hunde zu Helfern des Menschen ausgebildet[6]. So gibt es zum Beispiel Blindenführhunde[7]. Sie helfen blinden Menschen.

4 Hunde verständigen[8] sich über ihre Körpersprache. Sie wedeln mit dem Schwanz, wenn sie aufgeregt sind. Wenn sie Angst haben, dann legen sie ihre Ohren an und ducken sich. V

1 nicht mehr wild

2 besonders gute Nasen

3 die Umgebung

4 alles, was sie mit der Nase riechen

5 bemerken

6 hier: Die Hunde lernen in einer Hundeschule.

7 Diese Hunde helfen Menschen, die nicht sehen können.

8 mitteilen oder Gefühle zeigen

3 Was wisst ihr nun über den Text?
Sprecht mit einer Partnerin oder einem Partner über den Text.

> Es geht auch um …

> Wir erfahren etwas über …

4 Lies den Text gründlich.

5 Die wichtigsten Wörter im Text sind markiert.
a Lest euch diese Wörter laut vor.
b Was habt ihr zu diesen Wörtern erfahren?
Erklärt es euch gegenseitig.

> **Wolf**

> Hunde stammen vom wilden **Wolf** ab.

6 **a** Die unterstrichenen Wörter sind schwierige Wörter.
Lest die Erklärungen am Rand zu Absatz 1 und 2.
b Erklärt euch die Wörter in Partnerarbeit.

7 **a** Lest die Erklärungen am Rand zu Absatz 3 und 4.
b Erklärt euch die Wörter in Partnerarbeit.

8 Sprecht mit einer Partnerin oder einem Partner über folgende Fragen:
– Wie hat euch der Text gefallen?
– Was möchtet ihr noch wissen?

> Mir hat der Text …

> Mich hat überrascht, …

> Ich möchte gerne wissen, …

Der Sachtext
Sachtexte **informieren** die Leserinnen und Leser **über ein bestimmtes Thema.**
Zu den Sachtexten gehören zum Beispiel Zeitungsberichte.

Zwischenüberschriften einem Sachtext zuordnen

1 Was ist ein Vorlesehund? Tauscht euch über eure Vermutungen aus.

„Ein Vorlesehund ist ein Hund, der …"

2 Lies den Text über den Vorlesehund Benson.

Benson, der Vorlesehund

1 Großpudel Benson ist ein Vorlesehund. […] Er hilft Kindern gegen die Angst vor dem Lesen. […] Sein Job ist zuzuhören. Und zwar Kindern, denen das Lesen schwerfällt.

2 Benson lacht nicht und verbessert Kinder auch nicht, wenn sie sich mal verlesen. […] Der Hund nimmt den Kindern die Angst, besser als jeder Lehrer oder sogar die Eltern.

3 Wenn er im Dienst ist, hört Benson sich die Geschichten der Kinder an. Für die Kinder gibt es kein besseres Publikum als Benson. Manche stocken am Anfang etwas beim Vorlesen, dann wird es immer flüssiger.

4 Zappelige Vorleser beruhigt er, indem er sich kraulen lässt. Dann sind die Hände des Vorlesers beschäftigt. Zögerliche Kinder stupst er aufmunternd an, damit sie weiterlesen. […]

5 Aber auch wenn es nicht anstrengend aussieht, auch ein Vorlesehund braucht Pausen. Daher ist er nicht länger als eine Stunde im Einsatz. V

Zwischenüberschriften Absätze 2 bis 5
Pausen für den Hund • Vorteile des Hundes als Zuhörer • Hund Benson als Zuhörer • Hilfen durch den Hund

3 Welche Zwischenüberschrift passt zu Absatz 1? Schreibe sie auf die Linie.

Benson kriegt Ärger • Zuhören als Aufgabe

4 Welche Zwischenüberschriften passen zu den Absätzen 2 bis 5? Schreibe sie auf die Linien.

Diagramme verstehen

1 Sieh dir das Säulendiagramm an.

* hier: Vom höchsten und niedrigsten Lebensalter wird die Mitte genommen.

** die Zeit, die man lebt

2 **a** Ergänze die Sätze zum Diagramm.

Die Überschrift des Säulendiagramms* ist:

____.

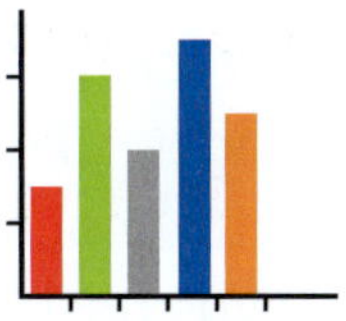

* ein Säulendiagramm

Das durchschnittliche Lebensalter folgender **Hunderassen**** wird gezeigt: Bernhardiner, ______________, ______________,

______________ und ______________.

** verschiedene Hundearten

b Wie alt können die Hunde werden?
Ergänze die Zahlen.

Bernhardiner werden durchschnittlich ______ Jahre alt.

Dackel werden durchschnittlich ______ Jahre alt.

Golden Retriever werden durchschnittlich ______ Jahre alt.

Möpse werden durchschnittlich ______ Jahre alt.

Zwergpudel werden durchschnittlich ______ Jahre alt.

c Welche Aussagen sind richtig?
Kreuze an.

- [ ] Bernhardiner werden älter als Dackel.
- [ ] Dackel und Zwergpudel werden ungefähr gleich alt.
- [ ] Dackel werden älter als Möpse.

Texte aus verschiedenen Medien untersuchen

Einen Romanauszug über einen Hund lesen

1 a Lies die Geschichte.

Jutta Richter

Der Hund mit dem gelben Herzen (Auszug)

1 […] Der Hund ist klein, schwarz und mager und sehr schmutzig. […]
Er hebt den Kopf und sieht Lotta an.

2 Der Hund sieht, wie Lotta etwas aus einer großen Stofftasche zieht. Es ist ein viereckiges Paket, das in braunes Papier eingewickelt ist.
Lotta macht es auf.
„Was hast du da?", fragt der Hund.
„Mandelkuchen", sagt Lotta und beißt ein großes Stück ab. Der Hund leckt sich die Lippen. Er kann jetzt die Mandeln riechen und den Zucker und die Eier und die Milch. Er weiß nicht mehr, wann er das letzte Mal neben einem so großen Stück Mandelkuchen gesessen hat.
Lotta kaut, schluckt und beißt wieder in den Kuchen.
Der Hund schluckt auch. […]
„Magst du auch ein Stück?", fragt Lotta.
Der Hund zuckt zusammen und nickt.
Noch bevor Lotta ein drittes Mal in ihr Kuchenstück beißt, hat der Hund sein Stück aufgefressen.

3 „Du bist nicht von hier, oder?", fragt Lotta.
„Nein, nicht von hier", sagt der Hund.
„Woher kommst du denn?"
„Von weit", sagt der Hund.
„Hast du dich verlaufen?" […]
Der Hund ist schon lange unterwegs. Er kann die Feldscheunen* längst nicht mehr zählen, in denen er hungrig eingeschlafen ist.
„Ob du dich verlaufen hast?"
Der Hund zögert, dann nickt er und winselt**.
„Du Armer", sagt Lotta und seufzt. […]

4 „Nimmst du mich mit?", fragt er.
„Natürlich nehme ich dich mit", sagt Lotta.
„Du darfst so lange bei uns wohnen, bis du wieder weißt, wo du hingehörst." V

* Gebäude auf dem Acker, wird zur Lagerung genutzt

** gibt traurige Töne von sich

b Was passiert am Beginn der Geschichte?
Erzählt.
1. Wen trifft Lotta?
2. Was machen die beiden zusammen?

2 Was erfährst du über den Hund?
Schreibe auf.

1. Wie sieht der Hund aus? (Zeilen 1 und 2)

2. Was frisst der Hund gern? (Zeilen 11–16)

3. Wo lebt der Hund? (Zeilen 27–30)

3 Was unterscheidet diesen Text über einen kleinen Hund von den Sachtexten über Hunde?
Trage die Angaben in die richtige Tabellenspalte ein.

sachliche Informationen • ausgedachte Handlung • echte Menschen und Tiere • ausgedachte Figuren

Merkmale von Geschichten	Merkmale von Sachtexten

Redewendungen und Sprichwörter untersuchen

1 **a** Sieh dir das Bild an.

b Was seht ihr auf dem Bild? Beschreibt.

Das Mädchen …

Die Mutter entdeckt das Mädchen und ruft: „…"

c Was meint die Mutter, als sie sagt: „Da wird ja der Hund in der Pfanne verrückt!"? Kreuze an.

- [ ] Die Mutter freut sich.
- [ ] Die Mutter ist erstaunt.
- [ ] Die Mutter ist verliebt.

2 Es gibt viele Redewendungen und Sprichwörter, in denen ein Hund vorkommt. Verbinde die richtige Redewendung mit der Erklärung.

Hunde, die bellen, beißen nicht.

Da liegt der Hund begraben.

Er ist bekannt wie ein bunter Hund.

So werden Menschen genannt, die jeder kennt.
Zum Beispiel: Das ist Leo.
Jeder kennt ihn. Er hat immer das rote Käppi auf und ein rotes Skateboard dabei.
Er kann tolle Kunststücke.

11 Reisen ins Weltall – Wortarten und Satzglieder unterscheiden

1 Was wird auf dem Bild gezeigt?
Erzählt.

2 **a** Welche Sprachen auf dem Bildschirm erkennt ihr?
Nennt die Sprachen.
b Was versteht ihr?
Lest vor.

1 Lest die Wörter in den Sprachen vor, die ihr kennt:
- Was können die Fantasier in der Schule machen?
- Was wollen die Schülerinnen und Schüler den Fantasiern zeigen?

2 Was könnten die Fantasier in deiner Schule machen?
Was würdest du ihnen zeigen?
Schreibe fünf Wörter in die leeren Schilder.

3 **a** Übertrage die Tabelle in dein Heft.
b Schreibe alle Wörter auf dem Bildschirm in die richtigen Boxen.

Verben (Tätigkeitswort – was man tut)	**Nomen mit Artikel** (Hauptwörter mit Begleiter – Menschen, Tiere, Dinge)	**Adjektive** (Eigenschaftswort – wie etwas ist)
tanzen	der Fußball	lustig
essen	das	

4 Ergänze deine eigenen Wörter aus Aufgabe 2.

Die Wortarten unterscheiden

Nomen erkennen

Die Fantasier untersuchen das Haus einer deutschen Familie. Der Computer der Fantasier heißt Flöx. Er beschreibt, was er dort sieht:

1 Der Computer Flöx hat in seiner Beschreibung einige Nomen (Hauptwörter) vergessen.

a Schreibe die Nomen an die richtige Stelle.

Das ist das Mädchen Mia im eigenen ______________.

Mia ist zehn ______________ alt.

Sie sitzt auf ihrem ______________ und liest eine ______________.

Ihr Rucksack liegt offen auf dem ______________.

Ihre ______________ sind teilweise rausgefallen.

Nur ihr ______________ ist ordentlich aufgeschlagen auf

dem ______________.

Vor der Tür bellt ihr ______________ Wuffi.

b Lest danach den Text zusammen mit einer Partnerin oder einem Partner.
Versucht dabei, wie Computer zu sprechen.

2 Trage die Nomen mit ihrem Artikel richtig ein.
Tipp: Die verschiedenen Farben helfen dir.

Zimmer • Zeitschrift • Buch • Schulsachen • ~~Fußboden~~ • Schreibtisch • Bett • Jahre • Hund

der	die	das
der Fußboden		

Nomen im Singular und Plural

Nomen im Singular und Plural
Nomen (Hauptwörter) können im **Singular** (Einzahl) und im **Plural** (Mehrzahl) stehen.
Beispiel: der Stein – die Steine, viele Steine

1 a Verbinde die passenden Paare.

der Bär	der Junge	das Pferd	das Haus
die Häuser	die Jungen	die Bären	die Pferde

b Schreibt oder malt vier eigene Paare in euer Heft.
Die Partnerin oder der Partner verbindet die richtigen Paare.

2 Lies den Text.

Endlich Ferien auf Fantasia

In Fantasia ist heute der letzte Schultag. Die Kinder der Klassen 23, 24 und 25 freuen sich. Denn sie werden auf die Erde reisen. Die Regierung von Fantasia schickt sie in viele Orte. Nach der Reise sollen sie über die Menschen und die Schule berichten.

3 Schreibe die farbigen Nomen im Singular und im Plural in die Tabelle.

Singular (Einzahl)	**Plural** (Mehrzahl)
der Schultag	die Schultage
das	die Kinder

Nomen in den Fällen verwenden

1 Lies die Texte **A** und **B.**

Pax und Pex kommen

A Die Fantasier kommen! Der Vater hat einen Kuchen gebacken. Hoffentlich essen die Besucher Kuchen. Die Familie wartet gespannt auf die Gäste vom fernen Planeten. Sogar der Hund bellt schon ganz aufgeregt.

2 Die markierten Wörter stehen im 1. Fall.
Nach dem 1. Fall fragt man mit **Wer oder was?**
Beispiel: **Wer oder was** kommt? → die Fantasier
Verbinde die Fragen mit den richtigen Antworten.

Wer oder was bellt ganz aufgeregt?	die Besucher
Wer oder was hat einen Kuchen gebacken?	die Fantasier
Wer oder was wartet auf die Gäste?	der Hund
Wer oder was kommt?	der Vater
Wer oder was isst hoffentlich Kuchen?	die Familie

Pax und Pex treffen ein

B Man merkt dem Hund an, dass er aufgeregt ist. Pax und Pex verstecken sich hinter der Mutter und beobachten den Hund vorsichtig. Der Hund will den Freunden nichts tun. Pax und Pex begrüßen ängstlich die Familie. Sie geben zuerst der Mutter die Hand. Schließlich streichelt Pex den Hund.

3 Die markierten Wörter stehen entweder im 3. oder im 4. Fall.
Nach dem 3. Fall fragt man mit Wem?
Beispiel: Wem merkt man an, dass er aufgeregt ist? → dem Hund
Nach dem 4. Fall fragt man mit Wen oder was?
Beispiel: Wen beobachten Pax und Pex vorsichtig? → den Hund
Verbinde die Fragen mit den richtigen Antworten

Wem will der Hund nichts tun?	die Familie
Wen oder was begrüßen Pax und Pex ängstlich?	den Hund
Wem geben sie zuerst die Hand?	den Freunden
Wen oder was streichelt Pex schließlich?	der Mutter

Präpositionen verwenden

1 Lies den Text.

Wom3 und der Ball

Pax und Pex begleiten Mia und Leon zum Sporttag. Auf der Erde ist noch Schule. Auch der kleine Roboter von Pax und Pex ist dabei. Er wird von allen nur Wom3 genannt. Wom3 hat im Raum für die Geräte einen Ball gefunden. Mit diesem Ball spielt der kleine Roboter ganz allein.

2 Schreibe das richtige Wort aus dem Kasten in den Satz neben dem Bild.

Präpositionen

auf • gegen • hinter • über • unter • ~~vor~~

Wom3 steht vor __________ dem Ball.

Nun ist der Roboter __________ dem Ball.

Wom3 läuft __________ den Ball.

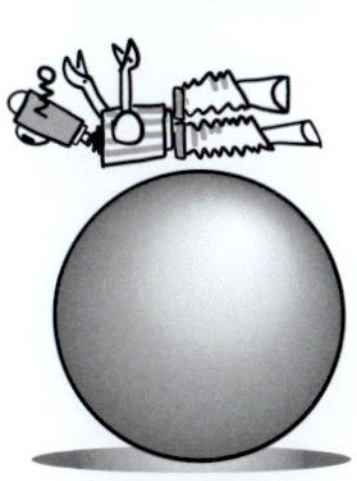

Mit Anlauf fliegt er __________ den Ball.

Oje, jetzt liegt Wom3 __________ dem Ball.

Vor Freude tanzt er __________ dem Ball.

Mit Adjektiven etwas genauer beschreiben

Das Adjektiv
Adjektive (Eigenschaftswörter) sagen, **wie etwas ist:** groß, breit, gefährlich ...
Mit ihnen kannst du **Gegenstände, Personen und Orte** genauer beschreiben.

1 Lies die beiden Rätsel.
– Welchen Ort beschreibt Leon in seinem Rätsel?
– Welchen Gegenstand beschreibt Pax in seinem Rätsel?

A Leon
Auf der Erde ist dieses Haus für Kinder.
Darin ist es interessant und lustig, lehrreich, unterhaltsam, langweilig, laut und anstrengend.

B Pax
Auf Fantasia nimmt man diesen Gegenstand zur Fortbewegung.
Es ist groß, breit, laut und modern, schnell, elektronisch, flugfähig.

2 Schreibe die markierten Buchstaben auf.
Dann erfährst du, was Leon und Pax beschreiben.

Leon: ______________________

Pax: ______________________

3 Leon und Pax verwenden in ihren Rätseln viele Adjektive.
a Schreibe von beiden Zetteln je vier Adjektive auf.

A ______________________

B ______________________

b Adjektive haben eine wichtige Rolle im Satz.
Was leisten Adjektive in einem Satz?
Eine Antwort stimmt. Kreuze sie an.

- ☐ machen den Satz kürzer
- ☐ beschreiben Gegenstände und Lebewesen
- ☐ zeigen, wie viele Wörter es im Deutschen gibt

Mit Personalpronomen Nomen ersetzen

Das Personalpronomen
Personalpronomen kannst du für Gegenstände, Personen und Lebewesen verwenden.
Beispiele: das Haus – **es,** die Frau – **sie,** der Baum – **er**

1 In den Sätzen sind einige Wörter farbig geschrieben.
Wer ist mit dem Personalpronomen gemeint?
Schreibe die Person oder die Personen auf die Linie.

Pax und Pex möchten einen Faschingsumzug sehen.
Sie wissen nicht, welcher Umzug der schönste ist.

Wer ist mit Sie gemeint? Sie = Pax und Pex

Also sagen Pex und Pax zu Mias Mutter: „Wir wollen uns überraschen lassen."

Wer ist mit Wir gemeint? Wir = ______

Die Mutter antwortet: „Ich werde euch einen ganz besonderen Umzug zeigen."

Wer ist mit Ich gemeint? Ich = ______

Pex freut sich sehr. Er ruft seine Schwester.

Wer ist mit Er gemeint? Er = ______

Mit Personalpronomen Nomen ersetzen
Mit **Personalpronomen** kannst du Sätze verkürzen und Wiederholungen vermeiden.
Die Personalpronomen können **Nomen ersetzen.**

2 Ersetze „Leon" durch die Personalpronomen am Rand.

er • ~~Er~~ • ihm • ihn • er

Leon bleibt zu Hause. **Leon** hat Fieber.
Die Mutter kocht **Leon** einen Tee und steckt **Leon** ins Bett.
Dort soll **Leon** bleiben, bis **Leon** kein Fieber mehr hat.

Leon bleibt zu Hause. Er hat Fieber.

Die Mutter kocht ______ einen Tee und steckt ______ ins Bett.

Dort soll ______ bleiben, bis ______ kein Fieber mehr hat.

Verben erkennen

Das Verb
Manche Wörter sagen, was wir **tun.**
Diese Wörter sind **Verben** (Tuwörter).
Beispiele: reden, tanzen, fahren

1 Lies den Text.

Mia und Leon vertreiben sich die Zeit

In den Ferien reisen Mia und Leon nach Fantasia. Die Reise mit dem modernen Raumschiff ist aufregend. Doch nach einiger Zeit wird den beiden langweilig. Mia sagt: „Machen wir ein kleines Spiel! Du brauchst nur meine Fragen zu beantworten."

2 Welche Antworten sind richtig?
Schreibe sie für Leon in die Tabelle.

schwimmen • ~~fliegen~~ • fahren • spielen

Mias Frage	Leons Antwort
Was machen die Raumschiffe?	Die Raumschiffe fliegen ______.
Was machen die Fische?	Die Fische ______.
Was machen die Kinder?	Die Kinder ______.
Was machen die Autos?	Die Autos ______.

Das Verb im Infinitiv und in der gebeugten Form
Im Wörterbuch stehen die Verben im **Infinitiv (Grundform).**
Beispiele: **kochen,** reisen, spielen, lernen
In einem Satz kann sich die **Form des Verbes verändern.**
Beispiel: Der Vater **kocht** für alle.

3 **a** Markiere im folgenden Text die vier Verben.

Leon und Mia gehen ins Raumschiff. Die Sonne scheint. Leon sitzt fröhlich in seinem Sitz. Mia sieht aus dem Fenster die Erde.

b Schreibe die markierten Verben im Infinitiv (Grundform) in dein Heft.

Das Verb in der gebeugten Form
Verben können wir mit **ich, du, er/sie/es, wir, ihr, sie** verbinden.
Dann **verändern sich** die Verben.
Beispiel:
ich geh**e**
du geh**st**
er/sie/es geh**t**
wir geh**en**
ihr geh**t**
sie geh**en**

4 a Schreibe die Verben **lachen** und **fliegen** mit ich, du, er/sie/es, wir, ihr, sie auf.
b Markiere mit einer Farbe, was gleich bleibt.
c Markiere mit einer anderen Farbe, was sich verändert.

	lachen	fliegen
ich		
du	lachst	
er/sie/es		
wir		
ihr		
sie		

5 a Was tue ich? Was tust du? Was tut er? Was tut ihr? Was tun wir?
Ergänze die Sätze.
Setze das Verb mit der richtigen Endung ein.

~~reden~~ • schenken • schreiben • trinken • gehen

Ich rede ______ mit meiner Mutter.

Du ______ mir eine Blume.

Er ______ eine Nachricht.

Ihr ______ eine große Flasche Saft.

Wir ______ in die Schule.

Mit Verben Vergangenes ausdrücken: Das Präteritum

Das Verb und die Zeitformen
Verben können wir in **unterschiedlichen Zeitformen** verwenden.
- im **Präsens (Gegenwart):**
  ich kaufe, du kaufst, er/sie/es kauft, ihr kauft, wir kaufen
- im **Präteritum (Vergangenheit):**
  ich kaufte, du kauftest, er/sie/es kaufte, ihr kauftet, wir kauften

1 Am Tag nach der Landung schickt Mia eine kurze Nachricht an ihre Großeltern.
Lies die Nachricht.

> Liebe Oma, lieber Opa,
>
> gestern reisten wir zum Planeten Fantasia.
> Wir wohnten bei Familie Nox.
> Ein freundlicher Roboter zeigte uns einen gelben See.
> Ich redete mit ihm über das Leben auf Fantasia.
> Er fragte nach der Erde.
> Wir lachten viel zusammen.
>
> Herzliche Grüße
> eure Mia

2 **a** Markiere die Verben in der Nachricht.
Tipp: Fünf Verben müssen noch markiert werden.
b Schreibe die markierten Verben mit dem passenden Personalpronomen aus dem Kasten auf.

er • ich • ~~wir~~ •
er • wir • wir

wir reisten, ______________________

____

3 Ergänze die fehlenden Verbformen im Präteritum.

	fragen		fragen
ich		wir	fragten
du		ihr	
er/sie/es	fragte	sie	

Satzglieder erkennen

Satzarten unterscheiden: Aussage, Frage, Ausruf/Aufforderung

A Die Spielfiguren sehen wie Raumschiffe aus.
Welche Figur möchtet ihr?

B Ich nehme das blaue Raumschiff.
Wann zieht man diese Karte?

C Warte doch mal!
Ich lese gerade die Spielanleitung.

1 Die Sätze in den Sprechblasen haben verschiedene Zeichen am Ende: einen **Punkt (.)**, ein **Fragezeichen (?)** oder ein **Ausrufezeichen (!).**
Diese Zeichen zeigen dir die Art des Satzes.
Schreibe das richtige Wort für das Zeichen in die passende Zeile.

Fragesätze	An ihrem Ende steht ein ______________________ (?).
Ausrufesätze/ Aufforderungssätze	An ihrem Ende steht ein ______________________ (!).
Aussagesätze	An ihrem Ende steht ein ______________________ (.).

2 Verbinde die Sätze mit der richtigen Satzart.

Die Spielfiguren sehen wie Raumschiffe aus.	Fragesatz
Welche Figur möchtet ihr?	Aussagesatz
Ich nehme das blaue Raumschiff.	Aussagesatz
Wann zieht man diese Karte?	Ausrufesatz
Warte doch mal!	Fragesatz

Mit der Umstellprobe die Satzglieder erkennen

1 Lies die beiden Sätze.
Achte auf die unterschiedliche Stellung der Satzbausteine.

AM HIMMEL	LEUCHTEN	IN DER NACHT	DIE STERNE
DIE STERNE	LEUCHTEN	IN DER NACHT	AM HIMMEL

2 Es gibt noch eine Möglichkeit, die Satzbausteine umzustellen.

a Schreibe sie in die Felder.

b Male sie in denselben Farben wie oben aus.

In der			

c Welcher Satzbaustein steht immer an derselben Stelle?
Schreibe auf.

d An welcher Stelle steht er?
Schreibe auf.

3 Setze die folgenden Bausteine zu einem Satz zusammen.
Schreibe die Sätze auf die Linien.

IN DAS KINO | WIR | HEUTE | GEHEN

MORGEN | ICH | NUDELN | ESSE

Satzglieder erkennen: Das Subjekt und das Prädikat

1 **a** Lies den Satz.

GESTERN	SAHEN	WIR	DEN VOLLMOND

b Bilde aus den Satzgliedern zwei weitere Aussagesätze.
Stelle dabei die Bausteine um.

Wir			
Den Vollmond			

c Ein bestimmtes Satzglied gibt an, **was geschieht oder was jemand tut.**
Dieses Satzglied bleibt immer an derselben Stelle.
Es ist das **Prädikat.**
Male es farbig aus.

2 **a** Verbinde die Sätze A bis D mit den Satzbausteinen 1 bis 4.

A ? kreist um die Erde.	**1** wir
B Auf dem Mond liegen ? herum.	**2** der Mond
C Durch ein Fernrohr beobachten ? den Mond.	**3** der Vollmond
D ? macht die Nacht sehr hell.	**4** zwei Golfbälle

b Schreibe die vollständigen Sätze in dein Heft.

3 **a** Frage nach den eingesetzten Bausteinen.
Frage **Wer oder was …?**
Frage: **Wer oder was** kreist um die Erde? → Antwort: der Mond
Schreibe die Fragen und Antworten der Sätze B bis D in dein Heft.

b Das Satzglied, nach dem du mit **Wer oder was** fragst, heißt Subjekt.
Es zeigt dir, **wer oder was etwas tut.**
Markiere in den Sätzen B bis D die Subjekte und Prädikate mit unterschiedlichen Farben.

A Der Mond umkreist die Erde.

Satzglieder erkennen: Das Akkusativobjekt und das Dativobjekt

1 a Lies die Sätze.
b Frage nach dem markierten Akkusativobjekt mit der Frage **Wen oder was …?**.
Schreibe die Frage auf.

Vor dem Flug ins Weltall

Die Astronauten bekommen eine lange Ausbildung.

Wen oder was bekommen die Astronauten?

Sie lernen alles über die Forschung im Weltall.

Sie brauchen auch Wissen über den Körper und über Krankheiten.

Die Astronauten müssen gut Englisch und Russisch können.

2 a Lies die Sätze.
b Frage nach dem markierten Dativobjekt mit der Frage **Wem …?**.
Schreibe die Frage auf.

Nach dem Flug ins Weltall

Nach der Zeit im Weltall wird vielen Astronauten schwindlig.

Mit geschlossenen Augen stehen zu bleiben, gelingt ihnen nicht.

Das Leben auf der Erde fällt ihnen schwer.

Ärzte helfen den Astronauten auf der Erde.

12 Rechtschreiben erforschen – Strategien finden

1 Was meint ihr zu den Aussagen von Kira, Dilan und Nils? Sprecht darüber.

2 Was könnt ihr schon gut bei der Rechtschreibung? Was wollt ihr noch verbessern? Nennt Beispiele.

1

Die Enten watscheln über die Weide.
Der Elefant trompetet laut.
Die Schweine grunzen die Besucher an.
Die Kamele schreiten dahin und kauen dabei.

Wir **lesen** Sätze und **sprechen** die Wörter deutlich.

2

En ten   wat scheln.
E le fant   trom pe tet.
Schwei ne   grun zen.
Ka me le   schrei ten.

Wir nehmen Wörter unter die **Lupe** und **hören** Silben und Laute.

1 Sprecht Wörter und Sätze deutlich.
- Lest die Sätze aus Kasten 1 abwechselnd vor. Sprecht dabei langsam und deutlich.
- Kontrolliert euch gegenseitig: Sprecht ihr deutlich?

2 Seht euch einzelne Wörter aus Kasten 2 genauer an.
- Sprecht dazu die Wörter deutlich in Silben.
- Wechselt euch ab.
- Kontrolliert euch gegenseitig: Sprecht ihr so deutlich, dass die Partnerin oder der Partner die einzelnen Silben und Laute hört?

3

A nanunanapalipalo
B rumtawumtosumbahampa
C sisosusisasalelu
D Tomatensalat

4

E die Blume finden toben schauen hüpfen
F die Baumkrone die Hasenspur
G die Wanderkarte die Wanderschuhe

Wir lesen und erkennen **Silben.**

Wir **schwingen** Wörter und schreiben sie richtig.

3 Silben sind unsere Sprecheinheiten.
a Lies die Zeilen A, B und C im Kasten 3 deutlich in Silben.
b Zähle die Silben jeder Zeile. Schreibe die Anzahl dahinter.
c Schreibe die Zeile D ab.
d Markiere die Silben in dem Wort D mit zwei Farben wie im Beispiel A, B oder C.

4 **a** Lies die Zeilen E und F im Kasten 4 deutlich in Silben.
b Fahre die Silbenbögen in der Luft mit dem Finger nach.
c Diktiert euch die Wörter aus Zeile F und G gegenseitig in Partnerarbeit.
Sprecht beim Schreiben leise die Silben mit.

Silben und Wörter untersuchen

Silben erkennen

1 **a** Was sagen die Kinder? Lies die Sprechblasen.
b Wer von den vieren weiß, wie man Silben findet? Sprecht darüber.

> Es gibt die Vokale (Selbstlaute) **a, e, i, o, u.** Auch **ä, ö, ü** sind Vokale.
> Und es gibt die Doppelvokale **au, äu, eu, ei, ie.**

2 In diesen Wörtern findest du selbst die Silben.
a Lies die Wörter deutlich in Silben. Sprich wie ein Roboter.
b Wende die sichere Strategie an:
- Markiere alle Vokale.
- Setze Silbenbögen unter die Silben.

1
die Rinderhörner
die Kaninchen
die Tauben
die Fledermäuse

2
die Enten die Hasen
singen laufen
weinen lieben
heulen leise

3 Diktiert euch die Wörter aus Kasten 2 gegenseitig.

Strategie Verlängern – Einsilbige Wörter

das Kalb • der Hund • das Rind • das Kind •
er tobt • sie sagt • er zeigt • sie lobt •
fremd • blind • klug

1 **a** Lies die Wörter. Sprich dabei deutlich.
b Die farbigen Buchstaben kannst du leicht falsch schreiben. Höre genau hin.

Bei Einsilbern kann man Buchstaben verwechseln.

Bei Einsilbern spricht man manche Buchstaben anders, als man sie schreibt.

Einsilbern kann man nicht trauen. Deshalb verlängern wir sie.

2 Bei zweisilbigen Wörtern kannst du oft besser hören, wie man richtig schreibt.
a Verlängere die Wörter aus dem Kasten. Schreibe die einsilbige und die zweisilbige Form auf.

das Kalb – die Kälber
der Hund – die
das

er tobt – wir toben

fremd – fremder

b Markiere die schwierigen Buchstaben mit einer Farbe.
c Setze Silbenbögen unter die Verlängerungswörter.

Strategie Verlängern – Zweisilbige Wörter

3 a Lies die Wörter deutlich in Silben.
b Schreibe die Verlängerungswörter auf die Linien.

der Erfolg – die Erfolge — duftend – duftender

der Abend – ______ — gesund – ______

der Abschied – ______ — mutig – ______

der Anzug – ______ — traurig – ______

c Markiere den schwierigen Buchstaben mit einer Farbe.
d Sprich die Wörter und die Verlängerungswörter sehr deutlich.
Beispiel: der Erfolg – die Erfolge

> Schwinge beim Sprechen die Silben mit der Schreibhand mit.
> Achte auf die farbigen Buchstaben.
> Wie sprichst du sie und wie schreibst du sie?

Bei einigen Zweisilbern höre ich nicht, wie man den letzten Buchstaben schreibt.

Bei Nomen geht das oft ganz leicht, wenn man viele nimmt, also die Mehrzahl bildet.

Ich verlängere dann auch die Zweisilber.

Beim Schwingen höre ich dann, wie man den Buchstaben schreibt.

4 a Lies die Sätze.

Im Wald leben die Rehe.	der Wald – die Wälder
Im Zoo lebt ein Gepard.	
Am Abend gibt es ein leckeres Essen.	
Der Musiker hat großen Erfolg.	

b Welche Wörter müssen verlängert werden? Unterstreiche sie.
c Schreibe die Wörter und ihre Verlängerungen auf die Linien.
Markiere den schwierigen Buchstaben mit einer Farbe.

Strategie Zerlegen – Zusammengesetzte Wörter

1 a Sieh dir die Bilder an.
b Lies die Tiernamen so, dass jeder Buchstabe zu hören ist.
c Verbinde die Tiere mit den richtigen Bildern.
Welcher Teil des Namens hilft beim Zuordnen?

1

2

3

4

5

die Kegelrobbe • die Regenbogenforelle • die Löffelente • die Eierschlange • der Kronenkranich

2 a Schreibe die passenden Tiernamen aus Aufgabe 1 auf die Linien.
b Setze Silbenbögen unter die Tiernamen.

Der Kronenkranich ______ trägt ein Federbüschel auf dem Kopf.

Die Haut der ______ leuchtet bunt im Wasser.

Mit dem Schnabel der ______ kann man keine Suppe essen.

Die ______ hat kegelförmige Zähne.

Die ______ findet Eier lecker.

3 Zusammengesetzte Wörter bestehen aus mehreren **Einzelwörtern.**
Verbinde je zwei Einzelwörter zu einem zusammengesetzten Wort.
Schreibe das zusammengesetzte Wort auf.

das Wild	die Wolke	die Wildblume
der Regen	die Ernte	
das Heu	die Blume	
der Schnee	der Bogen	

Strategie Ableiten – Wörter mit ä und äu

1 Für Wörter mit **ä** oder **äu** gibt es oft ein verwandtes Wort mit **a** oder **au.**

a Lies die Wörter in den Tabellen.
b Trage das verwandte Wort ein.
c Markiere **ä** und **a** oder **äu** und **au.**

Wörter mit **ä**	verwandtes Wort mit **a**
die Bäche	der Bach
die Blätter	das
die Zähne	

Wörter mit **au**	verwandtes Wort mit **äu**
der Zaun	die Zäune
der Baum	die
das Kraut	

2 **a** Lies die Sätze.
b Schreibe hinter jeden Satz ein verwandtes Wort mit **a.**

Im Zoo

1 Die Äffchen turnen im Gehege.

2 Die Hasen toben zur Freude der Gäste herum.

3 Die Männer fegen die Wege.

3 Trage **äu** oder **eu** in die Lücken ein.

Suche nach einem verwandten Wort.
Wenn du **kein verwandtes Wort** mit au finden kannst, wird es mit **eu** geschrieben. Beispiele: Freunde, Heu, treu, heute oder scheu

Hundeaufgaben

1 Der tr___e Hofhund bewacht H___ser und Höfe.

2 Ein Hund vertreibt h___te auch M___se.

3 Hunde sind ausdauernde L___fer und nicht sch___.

Strategie Nomen erkennen

Aa

Nomen schreibe ich groß.

Ich kann zu jedem Nomen einen Artikel (Begleiter) finden.
Beispiele: **der** Igel – **ein** Igel, **die** Nahrung – **eine** Nahrung

Vor einem Nomen kann ein Adjektiv stehen.

Das Adjektiv beschreibt das Nomen genauer.
Beispiele: der **scheue** Igel – ein **scheuer** Igel, die **gesunde** Nahrung – eine **gesunde** Nahrung

1 **a** Lies den Text.
b Finde die Nomen im Text.
– Markiere die Nomen und ihre Artikel, wenn welche dabeistehen.
– Kreise die Adjektive vor den Nomen ein.

Fleißige Igel in den Gärten

Wenn du dich am frühen Abend ganz still in den Garten setzt, kannst du manchmal die scheuen Igel hören. Sie huschen durch den Garten und suchen leckere Nahrung. Dabei schmatzen sie ziemlich laut. Sie sehen wirklich drollig aus. Man sieht eine kleine Kugel mit braunen Stacheln und grauen Spitzen. Igel bewegen sich auf kurzen Beinchen.

2 Setze vor die Nomen passende Adjektive.
Nutze die Adjektive aus dem Kasten.

~~klein~~ • früh • natürlich • klein • lecker • munter • echt • groß

Igel unterwegs

Das kleine______ Tier ist am ______ Abend aktiv. Der Igel lebt in ______ Gärten und ______ Parks. Dort findet er ______ Insekten. Wenn die ______ Igel unterwegs sind, treffen sie auf Artgenossen. Aber sie kümmern sich nicht um sie. Sie sind ______ Einzelgänger. Nur in der Paarungszeit haben sie ______ Interesse aneinander.

3 **a** Lies den Text.

b Welche der Wörter in Großbuchstaben sind Nomen?
Markiere diese Nomen und ihre Begleiter.

Das Stachelkleid der Igel

Einen IGEL kann jedes Kind ganz leicht AN den spitzen STACHELN erkennen. Sie bilden ein SCHUTZKLEID. Es macht den Igel UNVERWUNDBAR. Wie kommt es, dass das kleine TIER nicht unter dem Gewicht zusammenbricht? Das LIEGT daran, dass die STACHELN umgewandelte Haare sind. Sie SIND innen HOHL und in kleine Luftkammern aufgeteilt. DADURCH sind sie widerstandsfähig und trotzdem LEICHT.

c Schreibe den ganzen Text in richtiger Groß- und Kleinschreibung auf die Linien.

Regeln finden

Offene und geschlossene Silben unterscheiden

1 a Lest die Wörter einer Partnerin oder einem Partner vor.
Sprecht dabei langsam und deutlich.
Jede Silbe und jeder Buchstabe soll hörbar sein: wandern, reden.

b Endet die erste Silbe des Wortes mit einem Vokal* oder einem Konsonanten**?
– Markiere den Vokal mit einer Farbe.
– Markiere den Konsonanten mit einer anderen Farbe.

* der Selbstlaut: a, e, i, o, u …

** der Mitlaut: b, c, d, f, g, h …

re den • wan dern • tram peln • sau sen • ja gen • schrei ten •
schlur fen • schlei chen • rei sen • lau fen • den ken • hin ken •
die Lö wen • die Hun de • die Pfer de • die Scha fe • die Wa le • die Schwei ne

Offene Silben enden mit einem Vokal (Selbstlaut: a, e, i, o, u, ä, ö, ü).
Geschlossene Silben enden mit einem Konsonanten (Mitlaut: b, c, d, f, g, h …).

2 a Trage die Wörter aus Aufgabe 1 in die richtige Spalte ein.
b Markiere die Buchstaben am Ende der ersten Silbe.

Die erste Silbe ist offen. Sie endet mit einem Vokal (Selbstlaut).	**Die erste Silbe ist geschlossen. Sie endet mit einem Konsonanten (Mitlaut).**
reden,	wandern, trampeln,

Wann schreibt man einen Konsonanten und wann zwei?

1 **a** Lest euch die Wortpaare deutlich in Silben vor.
Sprecht so, dass man jeden Buchstaben hören kann.

der Ofen – offen
die Hüte – die Hütte
raten – die Ratten

Es kommt auf die erste Silbe an.
Denn die zweite Silbe ist bei diesen Wörtern gleich.

b Markiere bei jedem Wortpaar den Konsonanten in der Mitte farbig.
Er kommt in dem einen Wort einmal und in dem anderen doppelt vor.

2 **a** Lest euch gegenseitig die Sätze deutlich in Silben vor.
Sprecht so, dass man jeden Buchstaben hören kann.

Der O fen ist of fen.
Die Hü te liegen in der Hüt te.
Ra te, wie viele Rat ten es sind.

b Markiere wie in Nummer 1 die doppelten und die einfachen Konsonanten farbig.

c Markiere die langen Vokale und die kurzen Vokale mit unterschiedlichen Farben.

3 **a** Lest euch gegenseitig die Sätze deutlich in Silben vor.
Sprecht so, dass man jeden Buchstaben hören kann.

Die Hüte liegen auf dem Ofen.
Die Hütte ist offen.
Wie viele Ratten gibt es?

b Schreibe die Sätze ab. Sprich die Wörter dabei leise mit.

c Markiere bei den unterstrichenen Wörtern
- die langen Selbstlaute und den folgenden einzelnen Mitlaut.
- die kurzen Selbstlaute und die folgenden doppelten Mitlaute.

4 **a** Welche Tiere passen zu den Tätigkeiten? Verbinde.
Welches Tier …?

brummt • schwimmt • tobt • rennt • läuft • taucht • heult • bellt • frisst • trabt • fliegt • summt

der Hund   der Affe   der Bär   der Fisch   das Pferd   die Biene
der Wolf   das Reh   der Seehund   der Vogel   die Ente   die Kuh

b Um die Tätigkeiten richtig zu schreiben, finde die **zweisilbige Form.**
Schreibe den Satz in die **linke Spalte.**

c Schreibe in die **rechte Spalte** den Satz mit der **einsilbigen Form.**

d Markiere in der **linken Spalte** die **erste Silbe farbig.**
Wähle für die **geschlossene Silbe** eine Farbe und für die **offene Silbe** eine andere Farbe.

zweisilbige Form	**einsilbige Form**
Die Bären brummen.	Ein Bär brummt.
Die Fische schwimmen.	Ein Fisch
Die Affen toben.	Ein

Wann schreibt man ie und wann i?

1 a Lies die Wörter. Achte auf die erste Silbe.

~~biegen~~ • finden • dienen • lieben • springen • siegen

b Schreibe die Wörter ab.
c Zeichne Silbenbögen ein.

biegen,

d Ist die erste Silbe geschlossen oder offen?
Markiere sie mit unterschiedlichen Farben.

Regel: Ist die erste Silbe geschlossen, schreibe für den i-Laut nur ein i.
Regel: Ist die erste Silbe offen, schreibe für den i-Laut ein langes ie.

geschlossene Silbe – i
offene Silbe – ie

2 a Lies die Wörter im Kasten deutlich in Silben.

~~sieben~~ • ~~binden~~ • wiegen • winken • die Blinde • bieten • die Ziege • siegen • klingen • die Rinde • die Biene • die Miene • singen • schieben • finden

b Ordne die Wörter in die Tabelle ein.
c Markiere offene und geschlossene Silben farbig.

offene Silbe: ie	geschlossene Silbe: i
sieben,	binden,

Wann schreibt man ß und wann Doppel-s?

1 **a** Lest euch gegenseitig die Wortpaare deutlich in Silben vor.
Sprecht so, dass man jeden Buchstaben hören kann.

~~die Flöße~~ – ~~die Flosse~~ • beißen – bissen •
die Masse – die Maße • gießen – gossen • fließen – flossen •
die Füße – die Flüsse • essen – aßen

b Erklärt euch gegenseitig unbekannte Wörter.
c Schreibe die Wörter in die richtige Spalte der Tabelle.
d Markiere jeweils mit unterschiedlichen Farben die offenen und die geschlossenen ersten Silben.

Nach offenen Silben folgt ein ß. Der Selbstlaut davor ist lang.

Wörter mit ß	Wörter mit ss
die Flöße	die Flosse

2 **a** Lies die Wörter im Kasten genau.
b Verlängere die Wörter.
Diese Wörter können dir beim Verlängern helfen:

die Maße • wir heißen • die Füße • wir küssen • die Risse •
die Schlösser • die Güsse • ~~wir wissen~~

Bei offenen Silben folgt ein ß.

ihr wisst – wir wissen
sie heißt – __________
der Riss – __________
das Maß – __________

er küsst – __________
der Guss – __________
das Schloss – __________
der Fuß – __________

3 **a** Lies den Text genau durch.
b Markiere die **Wörter mit Doppel-s** und die **Wörter mit ß** jeweils mit unterschiedlichen Farben.

Von Nussfressern und Nusssammlern

Nüsse sind lecker. Das weiß jedes Kind. Kein Wunder, dass viele Menschen Nüsse essen. Haselnüsse und Walnüsse findet man eigentlich draußen im Wald und an der Straße. Aber die Tiere sind oft schneller. Manchmal sind große Nüsse äußerst leicht und man findet ein Loch in der Schale. Die Tiere, die das machen, heißen Haselnussbohrer. Die Weibchen beißen sich einen Weg in die ganz junge Haselnuss und legen dort ein Ei. Die Larve, die daraus schlüpft, ernährt sich dann von der Nuss.

4 Ordne die Wörter in die Tabelle ein.
Achtung: Wörter nicht doppelt eintragen.

Wörter mit ß	Wörter mit ss
weiß	Nussfressern

5 Markiert die passenden Reimwörter mit derselben Farbe.

draußen • fassen • heißer • außen • die Nüsse • lassen • weißer • die Küsse

Nachdenken über Sprache

Wortarten

Das Nomen (Hauptwort)

- Nomen bezeichnen:
  - **Lebewesen** wie Freund, Mücke,
  - **Gegenstände** wie Tisch, Straße,
  - **Gedanken, Gefühle, Zustände** wie Freude, Sauberkeit.
- Es gibt
  - **männliche** Nomen, zum Beispiel: **der** Hund, **der** Mond, **der** Ärger,
  - **weibliche** Nomen, zum Beispiel: **die** Katze, **die** Sonne, **die** Hitze,
  - **sächliche** Nomen, zum Beispiel: **das** Kind, **das** Weltall, **das** Wetter und
  - Nomen, in der **Einzahl** (Singular) oder in der **Mehrzahl** (Plural):
    der Hund – **die** Hunde,
    die Katze – **die** Katzen,
    das Kind – **die** Kinder.
- Nomen schreibt man am Wortanfang immer **groß.**
- **Nomen** kannst du durch **Stellvertreter** ersetzen.
  Man nennt sie **Personalpronomen.**
  Die Katze will ins Haus. Sie miaut. Schnell gebe ich ihr zu fressen.

Das Adjektiv (Eigenschaftswort, Wiewort)

- Adjektive beschreiben etwas genauer.
  Beispiel: das gelbe Haus
- Du fragst: **Wie** ist das Haus?
  Antwort: gelb = Wiewort (Adjektiv)
- Adjektive schreibt man **klein.**

Das Verb (Tätigkeitswort, Tuwort)

- Verben zeigen, was jemand tut.
  Beispiele: reden, fahren, essen, schlafen, tanzen
- Die **Grundform** endet auf **-en** oder **-n.**
  Beispiele: sprechen, flüstern, fliegen
- Verben können ihre **Endung verändern:**
  ich fliege, du fliegst, er fliegt, sie fliegt, es fliegt, wir fliegen, ihr fliegt, sie fliegen.
- Verben werden **kleingeschrieben.**

Mit Verben kann man zeigen, **wann** etwas passiert.

Das Präsens (Gegenwart)
Etwas **geschieht jetzt.**
Beispiel: Wir fahren **jetzt** mit dem Kanu.

Das Präteritum (Vergangenheit)
Wenn man schriftlich von **etwas Vergangenem** erzählt, nimmt man das Präteritum.
Beispiel: **Gestern** fuhren wir mit dem Kanu.

Zeichensetzung

Die Kommasetzung in Sätzen mit denn und weil

- Verknüpfungswörter (denn, weil) verbinden Sätze, wenn du etwas begründen willst.
  Achtung: Davor steht ein Komma.
  Beispiele:
  Wir wünschen uns eine Lesestunde, denn Lesen ist uns wichtig.
  Wir wünschen uns eine Lesestunde, weil Lesen uns wichtig ist.

Sätze

Die Satzarten: der Aussagesatz, der Fragesatz, der Ausrufesatz/Aufforderungssatz

- In einem Aussagesatz erzählt oder berichtet man etwas.
  Er endet mit einem Punkt (.).
  Beispiel: Die Erde ist ein Planet.
- In einem Fragesatz fragt man etwas. Er endet mit einem Fragezeichen (?).
  Beispiel: Wie heißt der Planet?
- In einem Ausrufesatz/Aufforderungssatz ruft man etwas oder fordert jemanden zu etwas auf.
  Er endet mit einem Ausrufezeichen (!).
  Beispiel: Hilfe! Komm her!

Satzglieder

Mit der Umstellprobe kannst du Satzglieder bestimmen.

- Sätze bestehen aus **Bausteinen.** Diese Bausteine nennt man **Satzglieder.**
- Ein **Satzglied** kann **aus einem Wort** oder **aus mehreren Wörtern** bestehen.
- Mit der **Umstellprobe** merkst du, welche Wörter ein Satzglied bilden.
  Sie bleiben bei der Umstellung **zusammen.**
  Beispiel:
  Die Sterne | leuchten | am Himmel.
  Am Himmel | leuchten | die Sterne.

Das Prädikat

- Das Prädikat gibt an, **was jemand tut** oder **was geschieht.**
  Beispiel: Die Sterne leuchten.
- Im Aussagesatz steht das Prädikat immer **an zweiter Stelle.**
  Beispiel: Hell (1) | leuchten (2) | die Sterne (3).   Die Sterne (1) | leuchten (2) | hell (3).

Das Subjekt

- Das Subjekt gibt an, **wer** oder **was** etwas tut.
  Beispiel: Die Sterne leuchten.
- Du kannst das Subjekt mit **Wer oder was …?** erfragen.
  Beispiel: Wer oder was leuchtet? Antwort: die Sterne (Subjekt)

Rechtschreibtricks

Schwingen

Wenn du Wörter schwingst, kannst du die einzelnen Buchstaben besser hören.

- Sprich **vor dem Schreiben** die Wörter deutlich in Silben.
  Zeichne Silbenbögen in die Luft.
  Beispiele: tanzen, die Tanzschule
- Sprich **beim Schreiben** die Silben leise mit.

Verlängern

Wörter verlängern und schwingen
Wenn du einzelne Buchstaben **nicht gut hören** kannst, verlängere das Wort.
Dann kannst du beim Schwingen **jeden Buchstaben** genau hören.
So verlängerst du:

- **Nomen** (Hauptwörter): Bilde die Mehrzahl (Plural).
  Beispiel: der Abend – die Abende
- **Verben** (Tuwörter): Bilde die wir-Form.
  Beispiel: er lobt – wir loben
- **Adjektive** (Wiewörter): Bilde die Steigerungsform.
  Beispiel: grob – gröber als

Zusammengesetzte Wörter zerlegen und verlängern

- Zusammengesetzte Wörter bestehen aus mehreren **Einzelwörtern.**
- Zerlege sie **in** diese **Einzelwörter,** wenn du die einzelnen Buchstaben nicht genau hörst.
- Dann verlängere **die Einzelwörter.**
  Beispiel: der **Waldweg** zerlegen: der **Wald** der **Weg**
  verlängern: die **Wälder** die **Wege**

Wörter mit ä und äu ableiten

- Man schreibt ä und nicht e, wenn es verwandte Wörter mit a gibt.
  Beispiele: die Kälte – kalt die Äste – der Ast
- Man schreibt äu und nicht eu, wenn es verwandte Wörter mit au gibt.
  Beispiele: die Bäume – der Baum die Räume – der Raum

Schwierige Verben im Überblick

Infinitiv (Grundform)	Präsens (Gegenwart)	Präteritum (Vergangenheit)	Perfekt (Vergangenheit mündlich)
anfangen	du fängst an	er fing an	er hat angefangen
beginnen	du beginnst	sie begann	sie hat begonnen
bekommen	du bekommst	sie bekam	sie hat bekommen
bieten	du bietest	er bot	er hat geboten
bitten	du bittest	sie bat	sie hat gebeten
bleiben	du bleibst	sie blieb	sie ist geblieben
brechen	du brichst	sie brach	sie hat gebrochen
brennen	es brennt	es brannte	es hat gebrannt
bringen	du bringst	sie brachte	sie hat gebracht
dürfen	du darfst	er durfte	er hat gedurft
einladen	du lädst ein	sie lud ein	sie hat eingeladen
essen	du isst	er aß	er hat gegessen
fahren	du fährst	sie fuhr	sie ist gefahren
fallen	du fällst	er fiel	er ist gefallen
fangen	du fängst	sie fing	sie hat gefangen
finden	du findest	er fand	er hat gefunden
fließen	es fließt	es floss	es ist geflossen
frieren	du frierst	er fror	er hat gefroren
geben	du gibst	er gab	er hat gegeben
gehen	du gehst	er ging	er ist gegangen
genießen	du genießt	sie genoss	sie hat genossen
greifen	du greifst	sie griff	sie hat gegriffen
haben	du hast	er hatte	er hat gehabt
halten	du hältst	sie hielt	sie hat gehalten
heben	du hebst	er hob	er hat gehoben
heißen	du heißt	sie hieß	sie hat geheißen
helfen	du hilfst	er half	er hat geholfen
kennen	du kennst	sie kannte	sie hat gekannt
kommen	du kommst	sie kam	sie ist gekommen
können	du kannst	er konnte	er hat gekonnt
lassen	du lässt	sie ließ	sie hat gelassen
laufen	du läufst	er lief	er ist gelaufen
leiden	du leidest	sie litt	sie hat gelitten

Infinitiv (Grundform)	Präsens (Gegenwart)	Präteritum (Vergangenheit)	Perfekt (Vergangenheit mündlich)
lesen	du liest	er las	er hat gelesen
liegen	du liegst	er lag	er hat gelegen
mögen	du magst	sie mochte	sie hat gemocht
nehmen	du nimmst	er nahm	er hat genommen
raten	du rätst	sie riet	sie hat geraten
reiten	du reitest	er ritt	er ist geritten
rennen	du rennst	sie rannte	sie ist gerannt
riechen	du riechst	er roch	er hat gerochen
rufen	du rufst	sie rief	sie hat gerufen
schlafen	du schläfst	er schlief	er hat geschlafen
schleichen	du schleichst	sie schlich	sie ist geschlichen
schließen	du schließt	sie schloss	sie hat geschlossen
schneiden	du schneidest	er schnitt	er hat geschnitten
schreien	du schreist	er schrie	er hat geschrien
schwimmen	du schwimmst	er schwamm	er ist geschwommen
sehen	du siehst	sie sah	sie hat gesehen
sein	du bist	er war	er ist gewesen
singen	du singst	er sang	er hat gesungen
sitzen	du sitzt	sie saß	sie ist/hat gesessen
sprechen	du sprichst	sie sprach	sie hat gesprochen
springen	du springst	es sprang	es ist gesprungen
stehen	du stehst	er stand	er ist/hat gestanden
stoßen	du stößt	er stieß	er hat gestoßen
streiten	du streitest	sie stritt	sie hat gestritten
treffen	du triffst	er traf	er hat getroffen
treten	du trittst	sie trat	sie hat getreten
tun	du tust	er tat	er hat getan
vergessen	du vergisst	sie vergaß	sie hat vergessen
verlieren	du verlierst	er verlor	er hat verloren
verzeihen	du verzeihst	sie verzieh	sie hat verziehen
wachsen	du wächst	er wuchs	er ist gewachsen
werden	du wirst	sie wurde	sie ist geworden
wissen	du weißt	sie wusste	sie hat gewusst
wollen	du willst	sie wollte	sie hat gewollt
ziehen	du ziehst	er zog	er hat gezogen

Auer, Margit (*1967)
27 Die Schule der magischen Tiere
aus: Die Schule der magischen Tiere. Hamburg: Carlsen Verlag 2013, S. 111–119 (gekürzt und vereinfacht)

Boie, Kirsten (*1950)
96 Der Junge, der Gedanken lesen konnte. Ein Friedhofskrimi
aus: Der Junge, der Gedanken lesen konnte. Ein Friedhofskrimi. Hamburg: Verlag Friedrich Oetinger 2012, S. 5–6 (gekürzt und vereinfacht)

Gieseler, Corinna (*1962)
99 Das Geheimnis des Bücherhüters
aus: Das Geheimnis des Bücherhüters. Hamburg: Verlag Friedrich Oetinger 2011, S. 5–7 (gekürzt und vereinfacht)

Goethe, Johann Wolfgang (1749–1832)
155 Die Frösche
aus: Goethes Werke. Hamburger Ausgabe. Hrsg. von Erich Trunz. München: C. H. Beck Verlag 1978, S. 366

Grimm, Jakob (1785–1863) und Wilhelm (1786–1859)
132 Der süße Brei
nach: Vom süßen Brei. Brüder Grimm: Kinder- und Hausmärchen. Große Ausgabe. Band 2. Göttingen: Diederichsche Buchhandlung 1837, S. 90 (gekürzt und vereinfacht)

Hacks, Peter (1928–2003)
153 Irrtümer
aus: Der Flohmarkt. Gedichte für Kinder. Berlin: Eulenspiegel Kinderbuchverlag 2017 (2001), S. 30 (gekürzt)

Held, Dirk (*1968)
157 Das Faultier
aus: Traumfische. Berlin: Henriette v. Bodecker 2015, S. 53

Jandl, Ernst (1925–2000)
156 ottos mops
aus: Poetische Werke in 10 Bänden. Band 4: Der künstliche Baum. München: Luchterhand Literaturverlag 1997, S. 871

Kästner, Erich (1899–1974)
120 Wie Eulenspiegel Erde kaufte
aus: Kästner, Erich: Till Eulenspiegel. Zürich: Atrium Verlag 1999 (gekürzt und vereinfacht)

Kinney, Jeff (*1971)
125 Gregs Tagebuch 2 – Gibt's Probleme?
aus: Gregs Tagebuch 2 – Gibt's Probleme? Übersetzt von Collin McMahon. Köln: Baumhaus Verlag 2013, S. 86–88 (gekürzt und vereinfacht)

Lieske, Tanya (*1964)
102 Oma, die Miethaie und ich
aus: Oma, die Miethaie und ich. Weinheim/Basel: Beltz & Gelberg 2012, S. 5–8 (gekürzt und vereinfacht)

Maar, Paul (*1937)
114 Der Bogenschütze
aus: Maar, Paul und Blau, Aljoscha: Das fliegende Kamel. Geschichten von Nasreddin Hodscha neu erzählt von Paul Maar. Hamburg: Verlag Friedrich Oetinger 2010, S. 28–29 (gekürzt und vereinfacht)
116 Nasreddins weiser Rat
aus: Maar, Paul und Blau, Aljoscha: Das fliegende Kamel. Geschichten von Nasreddin Hodscha neu erzählt von Paul Maar. Hamburg: Verlag Friedrich Oetinger 2010, S. 20 (gekürzt und vereinfacht)

Richter, Jutta (*1955)
192 Der Hund mit dem gelben Herzen
aus: Der Hund mit dem gelben Herzen oder die Geschichte vom Gegenteil. München: Carl Hanser Verlag 1998, S. 5–8 (gekürzt und vereinfacht)

Ringelnatz, Joachim (1883–1934)
152 Die Feder
aus: Sämtliche Gedichte. Zürich: Diogenes Verlag 1994, S. 9
154 Der Ohrwurm mochte die Taube nicht leiden
aus: Sämtliche Gedichte. Zürich: Diogenes Verlag 1994, S. 75

Wolf, Klaus-Peter (*1954)
65 Gefangen im Spukschloss
aus: Mai, Manfred u. a.: Nebelgrauer Gruselschauer. SuperGruselGeschichten. Freiburg: Herder Verlag 2005, S. 37–39 (gekürzt und vereinfacht)

Unbekannte/Ungenannte Autorinnen und Autoren
183 Beliebte Hunderassen: Der Labrador Retriever
nach: https://www.geo.de/geolino/tierlexikon/16542-rtkl-hunde-labradorretriever [24.04.2019] (gekürzt und vereinfacht)
188 Benson, der Vorlesehund
nach: Jahneke, Lea und Kammerhoff, Heiko: Helfende Hunde. Der große Lauschangriff. GEOlinoextra Nr. 60 (2016), S. 80 (gekürzt und vereinfacht)
137 Das seltsamste Ding der Welt. Ein spanisches Märchen
nach: von der Leyen, Friedrich (Hrsg.): Die Märchen der Weltliteratur. Band: Spanische und portugiesische Märchen. Jena: Eugen Diederichs Verlag 1940, S. 113–116 (gekürzt und vereinfacht)
133 Das Töpfchen. Ein türkisches Märchen
nach: Boratav, Pertev Naili (Hrsg.): Türkische Volksmärchen. 4. Auflage. Berlin: Akademie-Verlag 1967, S. 147–149 (gekürzt und vereinfacht)
131 Der Froschkönig
nach: Der Froschkönig oder der eiserne Heinrich. Brüder Grimm: Kinder- und Hausmärchen. Große Ausgabe. Band 2. Göttingen: Diedrichsche Buchhandlung 1837, S. 1–5 (gekürzt und vereinfacht)
140 Der König war traurig …
nach: Der verlorene Prinz. Die schönsten Märchen von Hexen, Prinzen und von Riesen. Rastatt: Verlag Arthur Moewig GmbH 1987, S. 33–45 (gekürzt und vereinfacht)
175 Dr. Philip Hansen hat in Waldau … (Beschreibungen der Figuren der Serie „Tiere bis unters Dach")
nach: „Tiere bis unters Dach" – Darsteller. SWR kindernetz 2019. https://www.kindernetz.de/tiere/darsteller/-/id=157632/pp49va/index.html [23.10.2019] (gekürzt und verändert)
167, 170, 171 Ein Tier für Frau Schmitt
aus: Pipopaja-Papagei. Hörspielskript. Landesanstalt für Medien NRW 2011, S. 1–2. http://www.auditorix.de/fileadmin/erwachsene/media/Pipopaja-Papagei_Kurzhoerspiel-Skript_II.pdf [23.10.2019] (gekürzt und verändert)
150 I caught a fish
Klads Kinderreime. Englisch für Kinder. www.klads.de/englisch-fur-kinder [22.07.2019]
150 Kleiner Dackel
Kindergarten-Homepage. Abzählreime. http://www.kindergarten-homepage.de/spiele/abzaehlreime/kleiner-dackel.html [22.07.2019]
67 Rasselnde Ketten und spitze Schreie
aus: Graham, Neal: Rasselnde Ketten und spitze Schreie. General-Anzeiger Bonn, 23.08.2013 (gekürzt und vereinfacht)

Originalbeiträge
249 Das Stachelkleid der Igel
78 Der Halsbandsittich
184 Der Hund – Freund und Helfer des Menschen
141 Die Prinzessin und der Schäfer
77 Die Zwergohreule
87 Ein schweres Tier: Der See-Elefant
204 Endlich Ferien auf Fantasia
151 Er treibt kein' Sport …
118 Eulen und Meerkatzen
248 Fleißige Igel in den Gärten
246 Hundeaufgaben
248 Igel unterwegs
246 Im Zoo
213 Mia und Leon …
206 Pax und Pex kommen
206 Pax und Pex treffen ein
173 „Tiere bis unters Dach" ist eine Familienserie …
261 Von Nussfressern und Nusssammlern
151 Wachsam, flink und frei …
151 Wohin sie geht …
208 Wom3 und der Ball

S. 13: Shutterstock/Lopolo; **S. 14, 15, 16, 36, 168:** Cornelsen/Thomas Schulz; **S. 27:** Margit Auer, Die Schule der magischen Tiere. Mit Illustrationen von Nina Dulleck © Carlsen Verlag GmbH, Hamburg 2013; **S. 42:** Shutterstock/Rain Art (Fernseher), Shutterstock/Giamportone (Daumen); **S. 67:** imago/Reiner Zensen; **S. 73:** stock.adobe.com/bondsza; **S. 74:** stock.adobe.com/Steve Marquez (1), stock.adobe.com/KarSol (2), stock.adobe.com/davemhuntphoto (3), stock.adobe.com/ClaraNila (4, links oben), stock.adobe.com/Paul (5, links 2. von unten), stock.adobe.com/foto4live (links 2. von oben), Shutterstock.com/saulty72 (links 3. von oben), stock.adobe.com/Elisa Locci (links unten); **S. 75:** stock.adobe.com/Conny; **S. 76:** stock.adobe.com/Didi Lavchieva; **S. 78:** stock.adobe.com/Petr Simon (links), imago/blickwinkel (rechts); **S. 81:** imago/blickwinkel; **S. 86:** Science Photo Library/Tony Camacho (oben), dpa (unten); **S. 87:** stock.adobe.com/naturalvibration; **S. 93:** Shutterstock/Chat Karen Studio; **S. 113, 125:** © 2007 Baumhaus Verlag in der Bastei Lübbe AG, Köln. Die Originalausgabe erschien 2007 unter dem Titel „Diary of Wimpy Kid" bei Amulet Books, einem Imprint von Harry N. Abrams, Inc., New York. DIARY OF A WIMPY KID ®, WIMPY KID™, and the Greg Heffley design™, are trademark of Wimpy Kid, Inc. All rights reserved.; **S. 165, 166, 167, 170:** Cornelsen/Thomas Schulz, Rüdiger Trebels; **S. 173:** Shutterstock/Monkey Business Images (oben), © SWR unten; **S. 175:** © SWR/Maria Wiesler (1. von oben), © SWR/Katharina Flamm (3. von oben), © SWR; **S. 181:** Shutterstock/AlohaHawaii; **S. 183:** Shutterstock/Dora Zett; **S. 184:** Shutterstock/Belish; **S. 188:** Shutterstock/Baronb; **S. 191:** Shutterstock/Erik Lam (1), Shutterstock/Nikolai Tsvetkov (2), Shutterstock/MilsiArt (3), Shutterstock/Pavel Hlystov (4), Shutterstock/Jagodka (5); **S. 244:** Shutterstock/Raju Soni (1), Shutterstock/davemhuntphotography (2), Shutterstock/David Litman (3), mauritius images/Panther Media GmbH/Alamy (4) Shutterstock/WhittayaP (5); **S. 248:** Shutterstock/Coatesy; **S. 249:** Shutterstock/Eric Isselee; **S. 261:** Shutterstock/Zoltan Major

Deutschbuch

Differenzierende Ausgabe

Lern- und Arbeitsheft
für den inklusiven Unterricht

Lösungen

5

Cornelsen

1 Wir in der neuen Schule – Sich und andere informieren

Seite 13

1 Mögliche Lösung:
Der Weg ist länger/kürzer. Ich muss mit dem Bus/Fahrrad/Auto fahren.
Das Gebäude ist größer.
Es gibt mehr Räume. Der Klassenraum ist größer/kleiner.
Es gibt mehr Lehrerinnen/Lehrer.
Vorher hatten wir nur bei zwei/drei Lehrerinnen/Lehrern Unterricht.
Jetzt sind es viel mehr.
Wir haben Spinte/Fächer/Ordner auf dem Flur/in der Klasse für unsere Schulsachen.
Es sind mehr/weniger Schüler an der Schule/in der Klasse.

2 Mögliche Lösung:
Ich wünsche mir, dass ich (viele) neue Freunde finde/kennen lerne.
Ich wünsche mir, dass wir Spaß haben.
Ich wünsche mir, dass wir viel Neues lernen.
Ich wünsche mir, dass die Lehrer nett sind.

Seite 14

1 Mögliche Lösung:
Auf welcher Schule warst du vorher?
Hast du Geschwister? Wie viele Geschwister hast du?
Was sind deine Hobbys?
Was machst du gerne in der Pause?

2 Mögliche Lösung:
Mein Lieblingsort ist der Klassenraum, weil ich meinen Platz mag und mich dort wohlfühle.
Ich mag den Schulhof, weil ich dort mit meinen Freunden spielen kann.
Ich finde auch den Musikraum toll, weil wir im Musikunterricht viel Spaß haben.
Mein Lieblingsort ist die Sporthalle, weil Sport mein Lieblingsfach ist.

Seite 15

4 Mögliche Lösung:
In einer guten Klasse helfen wir uns gegenseitig.
Wir hören uns gegenseitig zu.
Wir trösten uns, wenn es uns/jemandem schlecht geht.
Wir haben gemeinsam Spaß (und lachen viel).
In einer guten Klasse sind wir freundlich zueinander.

Seite 16

1 **b** Der Schüler heißt Bastian. Sein Lieblingsfach ist Kunst.

Seite 18

2 1 Wo ist das Lehrerzimmer?
2 Wo kann man die Bälle ausleihen?
3 Wann öffnen Sie die Eingangstür?
4 Wann dürfen wir in die Pause?

Seite 20

1 **b** Den Klassenlehrer hat verwirrt, dass ein Junge Kim Klein und ein Mädchen Kim Groß heißt.
In ihrer Klasse sind 26 Kinder (14 Mädchen und 12 Jungen).
Sie sitzt an einem Vierertisch.
Am ersten Tag wurde ein Theaterstück aufgeführt.

2 A der Ort und das Datum
B die Anrede
C der Brieftext
D die Grußformel
E die Unterschrift

3 Emma muss ihrer Freundin viel erzählen.
Emma spricht sie mit „Liebe Mavie" an und verabschiedet sich mit „deine Emma".
Das ist sehr persönlich.
Emma schreibt, dass sie ihre Freundin vermisst.

Seite 21

1 Mögliche Lösung:
Lieber Yassin,
nun bin ich schon seit ein paar Wochen an der neuen Schule.
Ich fühle mich wohl in meiner Klasse.
Es ist noch alles neu. Meine Mitschüler muss ich erst richtig kennen lernen,
aber ich glaube, ich kann mich in der Klasse wohlfühlen.
Wir sind 28 Schüler in der Klasse.
Meine Lehrerin heißt Frau Strunk.
Sie ist eigentlich ganz nett, aber manchmal schreit sie auch herum.
Wir haben in der ersten Woche viele Kennenlernspiele gespielt.
Das hat mir Spaß gemacht.
Liebe Grüße
deine Lola

Seite 24

1 **b** Mögliche Lösung:
Briefe schreibe ich an meine Oma und meinem Opa.
Handynachrichten schreibe ich meinen Freunden.
In Briefen kann ich ausführlich schreiben, was ich erlebt habe.
In Handynachrichten kann ich schnell wichtige Informationen schreiben.

2 b X Ort
X Datum
X Anrede
X Grußformel
X Unterschrift

Seite 29

2 b, c B X Benni nimmt Henrietta mit in die Schule und stellt sie vorsichtig auf den Tisch.
E X Wenn die Schildkröte spricht, kann das nur Benni hören.

3 Benni freut sich über seine Schildkröte, weil sie ihm die Antworten auf die Fragen der Lehrerin zuflüstert.

4 Mögliche Lösung:
Lieber Jonah,
ich möchte dir erzählen, was heute passiert ist.
Ich habe eine Schildkröte von der magischen Zoohandlung bekommen.
Sie heißt Henrietta. Ich habe sie heute mit in die Schule genommen.
Wenn sie spricht, hört es keiner außer mir. Im Unterricht sagt sie mir die richtigen Antworten vor.
Ich bin sehr froh, so ein tolles Tier zu haben.
Welches magische Tier hättest du gerne? Schreib mir bald zurück.
Lieben Gruß
dein Benni

2 Lasst uns darüber reden! – Meinungen begründen

Seite 33

1 Mögliche Lösung:
Ich finde, dass Ordnung ein wichtiges Thema ist.
Meiner Meinung nach sollten wir über Zusammenarbeit sprechen.
Wir könnten über Klassenregeln sprechen.
Eine gute Idee ist, sich auf Gesprächsregeln zu einigen.

2 Mögliche Lösung:
Wir hören einander zu.
Wir lassen den anderen ausreden.
Wir reden nicht dazwischen.
Wir bleiben ruhig und sachlich.
Wir lassen jeden zu Wort kommen.
Wir beleidigen niemanden und wir lachen niemanden aus.

Seite 34

1 **b** Ich sehe einen Klassenraum mit Schülern und einem Lehrer.
Neben der Tafel hängt ein Plakat mit den Klassenregeln.
Auf der Tafel steht ein Hinweis, damit keiner die Hausaufgaben vergisst.
Vorne links im Bild streiten sich zwei Schüler.

2 **b** Mögliche Lösung:
Wir bleiben ruhig sitzen.
Wir sind höflich und respektvoll.
Wir kommen pünktlich zum Unterricht.

3 **a** Der Junge und das Mädchen sprechen unhöflich miteinander.
b X ausreden lassen
X angemessen laut reden
X zuhören

4 **b** Mögliche Lösung:
Folgende Formulierung gefällt mir: Kannst du mir mal bitte helfen?
Sie gefällt mir, weil sie sehr höflich ist und das Wort „bitte" verwendet wird.
Folgende Formulierung gefällt mir nicht: Müll trennen!
Sie gefällt mir nicht, weil kein „bitte" oder „danke" verwendet wird.

5 Mögliche Lösung:
Wir helfen einander.
Wir hören dem anderen zu.
Wir sind freundlich zueinander.
Wir gehen respektvoll miteinander um.
Wir helfen uns gegenseitig.
Wir wissen, dass jeder seine eigenen Stärken und Schwächen hat.
Wir achten aufeinander.
Wir sagen höflich, wenn uns etwas stört.

Seite 36

2 Emily und Daniel fördern das Gespräch.
Timon stört das Gespräch.

3 X Wir hören aufmerksam zu.
X Wir bleiben ruhig und sachlich.
X Wir lassen die anderen ausreden.

Seite 42

2 **a** Für eine Lesestunde sind: Tim, Can, Aylin, Lena.
Gegen eine Lesestunde sind: Alicia, Niko.
b Can ist für eine Lesestunde, denn in der Bibliothek kann man nach spannenden Büchern oder Comics gucken.
Niko ist gegen eine Lesestunde, denn man hätte viel weniger Zeit für andere wichtige Themen.
Tim ist für eine Lesestunde, denn dabei kann er gut entspannen.
Alicia ist gegen eine Lesesunde, denn Filme gucken ist viel spannender.

Seite 44

1 Mögliche Lösung:
Plakat „Einen Schulgarten anlegen“: Da ist man an der frischen Luft.
Man kann dabei viel über die Natur lernen.
Plakat „Den Wald säubern“: Alle können mitmachen. Man kann sich viel bewegen.
Es ist nicht zu anstrengend.

2 Mögliche Lösung:
Ich bin für die Aktion „Einen Schulgarten anlegen“, denn dabei ist man viel an der frischen Luft.

Seite 46

2 Ort und Datum
Anrede
Einleitung
Hauptteil
Schlusssatz
Unterschrift

3 zu Frage 1: an die Schülerinnen und Schüler
zu Frage 2: Sabine Hellmer, die Schulleiterin
zu Frage 3: Verantwortung für die Umwelt, Teilnahme an einem Projekt

Seite 47

1 Ich bin dafür, dass wir an dem Projekt teilnehmen.

2
- einen Beitrag für den Umweltschutz
- ist ganz einfach
- etwas Gutes für die Umwelt tun
- Klassenraum wird sauberer

3 a Ich bin für das Projekt, weil wir damit einen Beitrag für den Umweltschutz leisten.

3 „Ich bekam eine Gänsehaut“ – Spannend erzählen

Seite 53

1 Mögliche Lösung:
drei Kinder mit Taschenlampen, Wegweiser „Zur Höhle“, eine Schatztruhe, dunkler Wald, Berge, Mond, unheimliches Gesicht

2 Mögliche Lösung:
Drei Kinder laufen nachts mit Taschenlampen durch den Wald. Sie haben Angst. Überall hören sie unheimliche Geräusche. Im Mondlicht sieht es so aus, als ob Augen aus einem Baum schauen. Da hört der Junge ein Schreien. Das Mädchen und der andere Junge entdecken plötzlich eine Schatzkiste. Was da wohl drin ist, fragen sie sich.
Sie erwarten Gold und Silber. Sie öffnen die Schatzkiste und leuchten mit den Taschenlampen hinein.
Die Enttäuschung ist groß. Sie finden keinen Schatz.
Sie finden nur Steine.

Seite 54

1 **b** Mögliche Lösung:
Unter einem Ausflug ins Abenteuer stelle ich mir etwas Spannendes und Schönes vor. Bei einem Abenteuer muss man mutig sein, um seine Angst zu überwinden.

2 **b** eine Jugendherberge, Schulkinder mit Taschenlampen, eine Lehrerin, ein Wald mit Hochstand

3 **a, b** Mögliche Lösung:
Das letzte Bild gefällt mir besonders gut.
Das Bild mag ich besonders, weil die Schüler dort gerettet werden.

4 Mögliche Lösung:
Bild 5
Die drei Kinder stehen oben auf dem Hochstand.
Als sie plötzlich eine Taschenlampe sehen, sind sie erleichtert.
Die Freude ist groß. Sie sind glücklich, als sie die Mitschülerinnen und Mitschüler sehen. Endlich sind sie gerettet.

Seite 55

5 **a, b** Mögliche Lösung:
Die drei Kinder leuchten mit der Taschenlampe, damit sie den Weg finden.
Sie klettern schnell den Hochstand nacheinander hoch.

Seite 56

1 **a, b** Mögliche Lösung:
Titel
Die Nachtwanderung

2 **a** Anfang
- Klassenfahrt der 5c
- Nachtwanderung
- Dämmerung
- Kinder sind gespannt, ungeduldig

b bis **d** Hauptteil
- das unheimliche Knacken
- haben Angst bekommen
- haben sich verirrt
- ein Leuchten im Gebüsch
- das wilde Tier

Schluss
- ein Hochstand
- geklettert
- die Taschenlampen
- die Erleichterung

Seite 58

2 **a** Malik hörte draußen ein seltsames Geräusch.
b Die Geräusche kamen von einer Gruppe Wildschweine.

Seite 59

3 a, b

treffende Verben	anschauliche Adjektive
schreckte	spannendes
knisterte	hellwach
flüsterte	seltsames
rüttelte	aufgerissenen
zischte	ängstlich
stockte	mutig
brüllte	neugierige
gekrochen	

4

Einleitung	Hauptteil	Schluss
– die Klassenfahrt in die Eifel – Malik und Olli übernachteten im Zelt	– Olli schlief und Malik hörte seltsame Geräusche – Malik weckte Olli – Olli guckte nach – die Schreie auf dem Zeltplatz – der Klassenlehrer verjagte Wildschweine	– Malik schlief wie ein Stein

Seite 61

2 a, b **Lösungswort:** K A N U

3 a Mögliche Lösung:
Einleitung
Am zweiten Tag unserer Klassenfahrt unternahmen wir einen Paddel-Ausflug.
Wir teilten uns immer zu zweit ein Kanu. Zu unserem eigenen Schutz trugen wir alle Schwimmwesten.

b Mögliche Lösung:
Hauptteil
Am Anfang blieben wir nahe am Ufer.
Dann wagten wir uns mehr in die Mitte des Flusses.
Das Wasser war sehr unruhig. Wir paddelten kräftig, damit uns die Strömung nicht wegtrieb. Plötzlich waren mehrere Kanus dicht bei uns. Wir stießen mit einem Kanu zusammen. Unser Boot kenterte. Wir schrien entsetzt. Das Wasser war eisig kalt.

c Mögliche Lösung:
Schluss
Wir zogen unser Kanu ans Ufer. Endlich waren wir in Sicherheit.
Erschöpft zogen wir uns am Ufer die nasse Kleidung aus. Wir waren sehr erleichtert, endlich wieder an Land zu sein.

d Mögliche Lösung:
A X Ein spannender Tag auf der Klassenfahrt

Seite 66

1 b plötzlich (Zeile 15, 19, 29), jetzt (Zeile 18), jeden Moment (Zeile 21), unerwartet (Zeile 23), in diesem Moment (Zeile 33)

c A Das Spiel „Gefangen im Spukschloss"
B Der Bär macht, was er will
C Der Bär in Marks Zimmer
D Die Rettung durch die richtigen Tasten
E 2200

Seite 67

2 Mögliche Lösung:
Die Grusel-Führung ist spannend, weil gruselige Gestalten aus den Ecken gesprungen kommen.
Die früheren Bewohner des Schlosses spuken nachts herum und erschrecken die Gäste.

4 gruselige Orte
der dunkle Keller, die kalte Höhle, der düstere Wald, der staubige Dachboden

schauerliche Geräusche
die knarrenden Treppenstufen, der laute Knall, Ketten rasseln, Kinder singen, die quietschende Tür, das klappernde Fenster, der Schreckensschrei, das Klirren, das Heulen

gespenstische Erscheinungen
der Geist, die Spinne, die Schattengestalt, das Gespenst

4 Außergewöhnliche Tiere – Beschreiben

Seite 73

1 Mögliche Lösung:
Der Löwe sieht stolz aus. Er hat ganz helles Fell. Er guckt wie ein Herrscher.

2 Hier sind alle Lösungen richtig.

3 Mögliche Lösung:
Kaninchen:
Mein Lieblingstier ist klein. Es hat ein braunes Fell und lange Ohren.
Seine Hinterbeine sind länger als seine Vorderbeine.

Seite 74

1 a Auf den Bildern kann ich einen Wellensittich, eine Eule, einen Hai, eine Ziege und einen Flamingo sehen.
b Tier 1 → Körperteil 4
Tier 2 → Körperteil 3
Tier 3 → Körperteil 1
Tier 4 → Körperteil 5
Tier 5 → Körperteil 2
c der Wellensittich, die Eule, der Hai, die Ziege, der Flamingo

2 Ich sehe ein riesiges Maul. Ich sehe einen gebogenen Schnabel. Ich sehe ein geflecktes Gefieder.
Ich sehe spitze Hörner. Ich sehe ein kleines Auge.

3 a Bild 1 → das Maul
Bild 2 → der Schnabel
Bild 3 → das Gefieder
Bild 4 → das Auge
Bild 5 → das Horn
b Ich sehe auf den Bildern noch scharfe Zähne, einen langen Hals, Ohren.

Seite 75

4 Hinweis: links oben beginnend
der Schwanz, der Hals, das Ohr, das Auge, die Nase, das Schnurrhaar, das Vorderbein, die Pfote, der Rücken, der Bauch, das Hinterbein

5

männlich	**weiblich**	**sächlich**
der Bauch	die Nase	das Auge
der Schwanz	die Pfote	das Gefieder
der Hals		das Schnurrhaar
der Rücken		das Vorderbein
		das Hinterbein

6 mögliche Lösung:

männlich	**weiblich**	**sächlich**
der Nacken	die Wange	das Hinterteil
der Kopf	die Zunge	das Maul
der Oberschenkel	die Kralle	

Seite 76

2 **Name:** Die Zwergohreule
Tierart: Vogel
Besonderheiten: wenn sie sich bedroht fühlt, richtet sie sich auf
Größe: 20 Zentimeter groß
Aussehen: graubraunes Gefieder, schwarze Streifen am Bauch, gelbe Augen
Ernährung: Insekten, Regenwürmer, Kleinvögel, Mäuse
Lebensraum: warme Regionen, Mittelmeerländer

Seite 78

1 **b** Mögliche Lösung:
Die Vögel heißen Halsbandsittiche, weil sie am Hals einen Ring haben, der aussieht wie ein Halsband.

3 **a, b**

Größe	**Farbe**	**Form**
kurz	schwarz-rosa	dick
lang	hellgrün	oval
groß	gelb-grün	schlank
klein	hellgrau	spitz
riesig	braun	rund

Seite 81

1 **a** Mögliche Lösung:
Der Vogel hat sehr lange, gelbe Schwanzfedern.

c Markierungen:
Rabenvögel; 63 bis 100 Zentimeter; Männchen; lange, seidige Schmuckfedern; auffällige Farben; Regenwald

Seite 82

2 a der Schnabel, die Augen, der Kopf, der Körper, die Brust, die Krallen, der Flügel, der Schwanz, die Schmuckfeder

3

Körperteile	Farbe	Form	Größe
der Kopf	grasgrün, hellgelb		
die Augen	schwarz	rund	klein
der Schnabel		spitz	
der Körper	rotbraun		klein
die Brust	rotbraun		
die Flügel	glänzend		
der Schwanz	zitronengelb, weiß	länglich	

Seite 86

1 b durchgestrichen werden die Sätze: O, T, R
c Stumpfnasenaffen gibt es in CHINA.

2 Der Affe hat kleine, dunkle Augen und eine besonders kleine Nase. Das graue/schwarze Fell ist glatt.

Seite 87

1 b **1 Größe, Körperbau, Aussehen**
schwerste Robbe, bis zu vier Tonnen, sechs Meter lang, Nase wie ein Rüssel, graubraun bis dunkelbraun, fast keinen Hals
2 Verhalten
im Wasser, tief tauchen, kämpfen manchmal miteinander, auf den Gegner fallen
3 Ernährung
Fischen, Krebsen, Tintenfischen
c Wie schwer kann der See-Elefant werden?
Der See-Elefant kann bis zu vier Tonnen schwer werden.
Wie kämpft der See-Elefant?
Beim Kampf stellen die See-Elefanten ihren Oberkörper auf und lassen sich dann auf ihren Gegner fallen.
d Mögliche Lösung:
der Blauwal, der Gepard, die Giraffe

Seite 88

2 Der See-Elefant gehört zu den Robben.
Der männliche See-Elefant wird bis zu vier Tonnen schwer.
Die Nase sieht wie ein Rüssel aus.
Sie hängt über dem Maul.
Die Ohren sieht man nicht.
Die Haut ist graubraun bis dunkelbraun.
Der See-Elefant hat eine Nase, die wie ein Rüssel aussieht. Sie hängt über dem Maul.
Manchmal kämpfen See-Elefanten miteinander.
See-Elefanten ernähren sich von Fischen, Krebsen und Tintenfischen.

3 Mögliche Lösung:
Es ist besonders interessant, wie die männlichen See-Elefanten miteinander kämpfen.

5 Die Welt der Bücher – Jugendbücher lesen und vorstellen

Seite 93

1 Mögliche Lösung:
Ich lese am liebsten in meinem Zimmer. Dort ist es schön ruhig und ich kann mich gut konzentrieren.

2 Mögliche Lösung:
Es ist spannend.

Seite 94

2 **a** Bild 1 Der Junge, der Gedanken lesen konnte
Bild 2 Das Geheimnis des Bücherhüters
Bild 3 Oma, die Miethaie und ich

b Mögliche Lösung:
der Junge

Seite 95

3 Mögliche Lösung:
X Die Figur ist in meinem Alter.

4 Mögliche Lösung:
Vielleicht beobachtet der Junge auf einem Friedhof einen Mord.
Dieser geheimnisvolle alte Mann ist bestimmt ein Zauberer.
Ich vermute, die Frau kämpft gegen Ungerechtigkeiten.

Seite 96

1 **b** Mögliche Lösung:
Der Anfang ist sehr spannend erzählt. Ich würde gerne wissen, wie es weitergeht.

Seite 97

2 Mögliche Lösung:
Wer ist Bronislaw? Wer ist Artjom?
Warum wurde Bronislaw ermordet?
Wo spielt die Geschichte?

3 A Bronislaw und ein Erzähler
B auf dem Friedhof
C in unserer Zeit
D ein Mord

4 X Der Erzähler ist ein Kind.
X Der Erzähler kennt Bronislaw sehr gut.
X Der Erzähler erzählt sein Abenteuer.

5 Die Geschichte ist spannend, weil es vielleicht ein Mord war.

Seite 100

1 b Mögliche Lösung:
X der Bücherhüter

2 Mögliche Lösung:
Zeile 3–4: verfallenen dreistöckigen Haus
Zeile 9: viele wunderliche Dinge
Zeile 15–16: viele Bücherkisten
Zeile 18: zwei pelzigen Pfoten
Zeile 22: sonderbare Gestalt

3 a **mehrere Männer:** tragen blaue Arbeitsanzüge, Muskelmänner
ein Herr: grauer Mantel, nervös, Chef
ein Wesen: zwei pelzige Pfoten, lange, scharfe Krallen
b Das Wesen in der Kiste könnte ein Tier sein.
c Mögliche Lösung:
die sonderbare Gestalt

4 Eingekreiste Wörter und Wortgruppen:
Eingangstür mit Efeu, geheimnisvoll, dunkel, alt, dreistöckiges Haus, Balkon, Fratzen aus Stein, Affe und Totenkopf

Seite 102

1 b Großmutter Henriette Meister und Enkelin Salila

3 Die Erzählerin ist Salila. Sie ist die Enkelin der Oma.

Seite 105

1 Bücher über Tiere oder Sachverhalte heißen Sachbücher.
Bücher in fremden Sprachen heißen fremdsprachige Bücher.
Bücher mit vielen Bildern und Sprechblasen heißen Comic/Manga.
Bücher für Kinder und Jugendliche heißen Kinder- und Jugendbücher.
Bücher mit Geschichten heißen Romane.

2 Karten/Stadtpläne, Musik-CDs, Zeitungen und Zeitschriften, Spiele,
Bücher über verschiedene Hobbys

Seite 106

1 a bei den Sachbüchern
b X alphabetisch nach den Titeln

2 Autor: Andreas Steinhöfel
Titelwort: Rico, Oskar und das Vomhimmelhoch
Sachbegriff: Kinder- und Jugendbuch

3 Elefant, Afrika, Lebensweise von Elefanten, Elefanten in Afrika, Tierlexikon, Tiere in Afrika

6 Das ist ja zum Lachen! – Komische Geschichten lesen und verstehen

Seite 111

1 Mögliche Lösung:
Nasreddin hatte einem Mann Geld geliehen und wollte nun sein Geld wiederbekommen.
Er ging zu dem Haus des Mannes, wo ihm eine Frau die Tür öffnete.
Diese sagte Nasreddin, dass ihr Mann nicht zu Hause sei.
Nasreddin schmunzelte und sagte: „Wenn er das nächste Mal ausgeht, soll er besser seinen Kopf nicht zu Hause lassen." Der Mann, der aus dem Fenster schaute, erschrak und verschwand hinter dem Vorhang.

Seite 112

1 **b** **Figur 1:** alter Mann, trägt einen Turban, langen, weißen Bart, grünen Kaftan, lange, spitze Schuhe, sieht freundlich und gütig aus
Figur 2: trägt einen Strohhut, ein weißes Hemd und eine blaue Latzhose, hat nackte Füße, lächelt fröhlich
Figur 3: ein Junge mit wenig Haaren, trägt ein kurzes Shirt, eine dunkle, kurze Hose, sehr dünn, panischer Gesichtsausdruck
Figur 4: erwachsener Mann, dunkle Haare, trägt nur eine gestreifte Badehose, hat ganz rote Wangen, grinst freundlich
Figur 5: junger Mann mit einer roten Narrenkappe, trägt ein oranges Oberteil mit Fransen, eine lange, blaue Hose, braune, spitze Stiefel, Spiegel in der Hand, guckt fröhlich

2 **b** Figur 1 → Text: Mein Name ist Nasreddin …
Figur 2 → Text: Hi, mein Name ist Tom …
Figur 3 → Text: Hi, ich bin Greg …
Figur 4 → Text: Hallo! Manche Menschen …
Figur 5 → Text: Hallo, mein Name ist Till …
c Mögliche Lösung:
Ich würde gerne mehr über die Figur 4 erfahren. Ich finde es spannend, dass der Mann Gegenstände zum Schweben bringen kann. Ich habe auch noch nie von dieser Figur gehört.

Seite 113

3 witzig, zauberhaft, klug, nimmt Erwachsene nicht so ernst, macht gerne Blödsinn und spielt anderen Streiche, Weisheit, Humor, Witz und Verstand

Seite 114

1 **b** Mögliche Lösung:
In der Geschichte könnte es um Nasreddin gehen, der Unterricht im Bogenschießen geben will. Als Gegenleistung möchte er Geld haben. Nasreddin kann aber gar nicht richtig Bogenschießen und schummelt.

Seite 115

3 **Er sagt:**
Wer bei mir Unterricht im Bogenschießen nimmt, zahlt nur die Hälfte.
Ich verspreche, dass sein Pfeil immer in der Mitte der Zielscheibe stecken wird!

(Quelle: Maar, Paul: Der Bogenschütze. Aus: Maar, Paul und Blau, Aljoscha: Das fliegende Kamel. Geschichten von Nasreddin Hodscha neu erzählt von Paul Maar. Hamburg: Verlag Friedrich Oetinger 2010, S. 28–29. Textzitat.)

Er denkt:
Die Leute denken, sie treffen immer in die Mitte der Zielscheibe.

4 Nasreddin ist ein alter Mann.
Er hat einen weißen Bart im Gesicht.
An seinem Lachen erkennt man, dass er freundlich ist. Seine Kleidung besteht aus einem weiten, grünen Gewand.

5 X legt andere herein
X spielt gerne Streiche
X hat Witz
X hat Weisheit
X hat Verstand

Seite 116

1 **b** Mögliche Lösung:
Es sieht so aus, als ob Nasreddin auf dem Markt etwas verkaufen will.
Auf seinem Marktstand steht aber nur ein Schild. Er will den Menschen Weisheiten verkaufen.

3
1 auf den Marktplatz
2 „Ich habe Weisheiten zu verkaufen!"
3 wie man ohne Arbeit zu Geld kommt
4 die Leute
5 Zeile 10–13

Seite 117

4
- Leute: „Welche Weisheiten?"
- Nasreddin: „Ich verrate euch, wie man ohne Arbeit zu Geld kommt."

- Leute zahlten den Preis
- Nasreddin zählte langsam das Geld
- Leute ungeduldig: „Sag uns schon, wie man zu Geld kommt, ohne zu arbeiten."

- Nasreddin steckte das Geld ein
- auf dem Marktplatz stellen
- laut rufen: „Weisheiten zu verkaufen!"
- Geld einsammeln
- schnell wegrennen

(Quelle: Maar, Paul: Nasreddins weiser Rat. Aus: Maar, Paul und Blau, Aljoscha: Das fliegende Kamel. Geschichten von Nasreddin Hodscha neu erzählt von Paul Maar. Hamburg: Verlag Friedrich Oetinger 2010, S. 20. Textzitate.)

Seite 118

2 Warum weiß Eulenspiegel nicht, was in einer Bäckerei gebacken wird?
Dann back doch Eulen und Meerkatzen!

Seite 120

2 **a, b** Die Schelmengeschichte „Wie Till Eulenspiegel Erde kaufte" erzählt von einem komischen Treffen.
Die Hauptfigur ist Till Eulenspiegel.
Er ist schlau und lustig.
Er spielt einem Herzog einen Streich.
Till lässt sich mit einem Karren durch das Land fahren.
Als er in der Erde sitzt, sieht Till lächerlich und dumm aus. Dabei ist er schlau.
Der Herzog muss ihn am Ende laufen lassen.

Seite 125

1 **c** Mögliche Lösung:
In der Geschichte könnte es um einen Streit gehen.

2 Wie heißt die Hauptfigur? Greg
Warum war die Oma ärgerlich? Die Oma sah, dass die Säcke nur halbvoll waren.
Sie wollte deshalb keinen Kakao kochen.

7 Es war einmal – Märchen lesen und selbst erzählen

Seite 129

1 **b** Auf dem Bild sind folgende Märchenfiguren zu sehen:
Der gestiefelte Kater, Rapunzel, Hans im Glück, Die Prinzessin auf der Erbse, Kalif Storch, Frau Holle

Seite 130

1 **b** Auf Bild 1 sehe ich einen Topf. Der Brei kocht über und quillt heraus.
Die Frau ruft etwas.
Das zweite Bild zeigt ein Mädchen und einen blauen Topf.
Auf dem dritten Bild sind drei junge Männer und ein König zu sehen.

2 Bild 1: Der süße Brei
Bild 2: Das Töpfchen
Bild 3: Das seltsamste Ding der Welt

3 Hinweis: von links nach rechts
der Ring, der Schlüssel, die goldene Kugel, der Zauberstab, die Wunderlampe

Seite 131

4 **b** Mögliche Lösung:
Die Prinzessin ist ganz traurig und weint bitterlich.
Doch plötzlich taucht ein Frosch aus dem Brunnen auf und bietet ihr seine Hilfe an.
Der Frosch will für seine Hilfe mit der Königstochter befreundet sein. Die Prinzessin ist einverstanden, möchte aber eigentlich nur die Kugel. Nachdem der Frosch in den Brunnen getaucht ist und der Prinzessin die Kugel wiedergebracht hat, vergisst die Prinzessin den Frosch. Sie lässt ihn allein am Brunnen zurück.
Der Frosch folgt der Königstochter zum Schloss und erinnert sie an die Abmachung. Er will mit der Prinzessin in einem Bett schlafen.
Die Prinzessin ekelt sich vor dem Frosch. Sie wirft den Frosch voller Verachtung an die Wand. Da wird der Frosch plötzlich zu einem wunderschönen Prinzen und die beiden heiraten. Und wenn sie nicht gestorben sind, dann leben sie noch heute.

Seite 132

1 **a** Mögliche Lösung:
Auf dem Bild sind zwei Frauen zu erkennen und ein Topf mit Brei. Der Brei kocht über und verteilt sich überall. Die beiden Frauen sehen ganz aufgeregt und hilflos aus.
c Mögliche Lösung:
In dem Märchen geht es um ein armes Mädchen, was ein verzaubertes Töpfchen geschenkt bekommt. Sie brachte den Topf zu ihrer Mutter, damit sie Brei kochen konnte. Doch nur das Mädchen konnte den Topf dazu bringen, mit dem Kochen aufzuhören. So quillte der Brei über und verteilt sich überall. Erst als das Mädchen wieder nach Hause kam, konnte es den Topf stoppen.

2 **b**

typischer erster Satz	Zaubersprüche	magische Gegenstände
Es war einmal …	„Töpfchen, koche" „Töpfchen, steh"	ein Töpfchen

Seite 134

2 Das Mädchen warf den Topf nicht mehr auf die Straße, weil der Topf ihm so oft geholfen hatte.

3 **b**

typischer erster Satz	Zaubersprüche	magische Gegenstände
Es war einmal und es war auch nicht …		ein Topf

4 **b** In beiden Märchen kommt als magischer Gegenstand ein Topf vor.
Der typische erste Satz ist unterschiedlich.
Im Märchen „Das Töpfchen" ist der erste Satz: Es war einmal und es war auch nicht.
Im Märchen „Der süße Brei" ist der erste Satz: Es war einmal.
Nur im ersten Märchen gibt es Zaubersprüche. Sie gehen so: „Töpfchen, koche" und Töpfchen, steh".

5 X ein armes Mädchen
X eine Mutter
X ein magischer Topf
X Sie hatten nichts zu essen.
X Das Mädchen lebte allein bei ihrer Mutter.
X Sie bekamen etwas zu essen,

Seite 137

1 a Mögliche Lösung:
Auf dem Bild sind drei junge Männer zu sehen. Es könnten auch Prinzen sein.
Sie stehen vor einer Burg. Vor den Männern steht ein König, der mit seinem Finger in die Ferne zeigt.
b Die drei jungen Männer könnten in die Welt ziehen sollen, um etwas für den König zu holen.

Seite 138

3 Die Prinzessin sollte den heiraten, den sie am liebsten hat.

5

die Figuren und Gegenstände	König, Prinzen, Prinzessin, Händler, Teppich, Fernrohr, Apfel
die Aufgabe	das seltsamste Ding der Welt finden
die wundersamen Dinge	Teppich fliegt, durch das Fernrohr kann man jeden sehen, Apfel heilt Kranke

Seite 140

2 b Lösungswort: GLÜCK

Seite 141

2 b 1B, 2A, 3D, 4C, 5G, 6E, 7F

8 Tierischer Spaß – Gedichte verstehen, vortragen und gestalten

Seite 149

1 a Mögliche Lösung:
Auf dem Bild sind ganz viele Ameisen und Zebras zu sehen.
Die Ameisen essen Ananas.
Die Zebras ziehen einen Sack Zucker.

2 a Achtzig alte Ameisen aßen am Abend achtzig Ananas.
Zehn zahme Zebras zogen zehn Zentner Zucker zum Zoo.

3 a und b Hundert höfliche Hunde helfen hinkenden Hennen hinüber.

Seite 150

2 b wackel – Dackel, Haus – raus
five – alive, ten – again

Seite 151

4 A2, B3, C1

6

frei	der Klee	das Haus
das Ei	der Tee	die Maus
sei	der Schnee	raus
bei	der See	die Laus

Seite 152

1 c Mögliche Lösung:
In dem Gedicht geht es um ein Nilpferd. Das Nilpferd wird von einer Feder geweckt.
e Hinweis: Zahlen in der Reihenfolge von links nach rechts unten
Textabsatz 1 → Bild 4
Textabsatz 2 → Bild 1
Textabsatz 3 → Bild 2
Textabsatz 4 → Bild 3
g Das Nilpferd muss lachen, weil es von der Feder gekitzelt wurde.

2 Land – Sand, wecken – necken, Feder – Leder, Rachen – lachen

Seite 153

3 c Hinweis: Reihenfolge von oben nach unten
3, 1, 2, 4

4 Katze – Antonplatze, Maus – durchaus, verstecken – lecken, Not – rosenrot, leise – Mittagsspeise, Bart – gewahrt, Leben – geben, Blaus – Maus

Seite 154

1 b Mögliche Lösung:
In Strophe 1 wird beschrieben, dass der Ohrwurm und die Taube sich nicht mögen.
Sie treffen sich in einer Straßenbahn.
In Strophe 2 begrüßen sie sich und reden.
In Strophe 3 wünschen sie sich gegenseitig was Böses.
c **Was könnten der Ohrwurm und die Taube in Strophe 2 zueinander sagen?**
„Oh, wie schön, dich zu treffen!"
Ja, ich freue mich auch, dich zu sehen!"

Was denken sie in Strophe 3 eigentlich übereinander?
„Ich kann den Ohrwurm nicht leiden. Zum Teufel soll er gehen!"
„Ich hasse die Taube. Zum Teufel soll sie gehen!"

2 Strophe 1: leiden – beiden, ebenso – irgendwo
Strophe 2: Hände – Bände, dabei – Schmeichelei
Strophe 3: Stillen – Willen, gehen – Wiedersehen

Seite 155

4 Mögliche Lösung:
Frösche sind in einem gefrorenen See gefangen.
Sie wünschen sich, dass der Winter vorbei ist.
Als das Eis schmilzt, quaken die Frösche wieder.

5 Hinweis: Reihenfolge von oben nach unten
4 – 5 – 3 – 1 – 2 – 6 – 7

7 1 zugefroren – verloren, springen – singen, Traum – Raum
2 zerschmolz – stolz, breit – Zeit

Seite 157

2 Das Gedicht hat einen besonderen Aufbau.

4 2 Es wird durch den leichten Wind hin- und hergeschaukelt.
1 Ein Faultier hängt in einem Baum und schaukelt im Traum hin und her.
3 Es schaukelt so lange, bis der Wind wieder weg ist. Was es danach macht, weiß es noch nicht.

9 Schauspielerei – Szenen spielen und untersuchen

Seite 167

3 Ein Tier für Frau Schmitt

Seite 168

2 a Bild 1: streckt die Arme nach oben, aufgerissener Mund, freut sich
Bild 2: Arme eng am Körper, runzelt die Stirn, wütend
Bild 3: Hand noch vorne gestreckt, Mund weit offen, hat Angst

Seite 170

2 **Für Frau Schmitt wäre ein Tier gut, ...**
X weil die Kinder einen Hund haben wollen.

Was wollen die Kinder?
X Sie wollen, dass Frau Schmitt sich ein Haustier zulegt.

Seite 171

4 Die dunkelblauen Wörter und Sätze sind Regieanweisungen.
Sie haben die Aufgabe, den Schauspielern und Schauspielerinnen zu beschreiben, wo sich die Figuren befinden, wie die Figuren sprechen, wie der Gesichtsausdruck sein soll und wie die Figuren sich bewegen sollen.

Seite 173

2 a Mögliche Lösung:
Computer, Laptop, Handy, Tablet, Kino
b Mögliche Lösung:
Im Fernsehen kommt die meiste Werbung. Auf dem Handy kann man unterwegs schauen, aber der Bildschirm ist sehr klein. Im Kino gibt es 3-D-Filme und Popcorn, aber das kostet alles viel Geld.

Seite 175

2 Mögliche Lösung:
Ich finde Nelly Spieker am interessantesten, weil sie nett, ehrlich und abenteuerlustig wirkt.

10 Rund um den Hund – Sachtexte verstehen

Seite 181

1 Auf dem Bild sehe ich einen Hund und ein Mädchen.
Sie sitzen auf der Wiese.

3 X in einem Lexikon
X auf einer Internetseite über Hunde
X in einem Sachbuch über Hunde

Seite 182

1 c Mögliche Lösung:
Der Hund Charly ist gerne im Wasser.
Charly ist ein Labrador Retriever.

2 Hunde jagen oft nach Bällen.
Hunde bellen, wenn sie Angst haben.
Hunde können gut riechen.

3 Mögliche Lösung:
Was fressen Hunde?/Wie spielen Hunde?/Wo schlafen Hunde?/Wann schlafen Hunde?/
Warum bellen Hunde?

Seite 183

4 b In dem Text geht es um ...
X die Hunderasse Labrador Retriever.

5
1. Sie werden bis zu 13 Jahre alt.
2. Sie sind freundlich und klug.
3. Sie kamen aus Neufundland.
4. Sie bewegen sich gerne. Sie spielen gerne.
5. Sie sind nicht gern allein und nicht als Wachhund geeignet.

Seite 184

1 c In dem Text geht es um Hunde, die Menschen helfen.

Seite 185

5 b **Nase** – Zeile 4 bis 5, **hören** – Zeile 6 bis 8, **Helfer des Menschen** – Zeile 10 bis 12, **Körpersprache** – Zeile 13 bis 16

Seite 188

1 Mögliche Lösung:
„Ein Vorlesehund ist ein Hund, der mir beim Vorlesen zuhört."

3 Absatz 1: Zuhören als Aufgabe

4 Absatz 2: Vorteile des Hundes als Zuhörer
Absatz 3: Hund Benson als Zuhörer
Absatz 4: Hilfen durch den Hund
Absatz 5: Pausen für den Hund

Seite 191

2 a Die Überschrift des Säulendiagramms ist: Wie alt werden Hunde?
Das durchschnittliche Lebensalter folgender Hunderassen wird gezeigt: Bernhardiner, Dackel, Golden Retriever, Mops und Zwergpudel.

b Bernhardiner werden durchschnittlich 10 Jahre alt.
Dackel werden durchschnittlich 18 Jahre alt.
Golden Retriever werden durchschnittlich 13 Jahre alt.
Möpse werden durchschnittlich 15 Jahre alt.
Zwergpudel werden durchschnittlich 18 Jahre alt.

c X Dackel und Zwergpudel werden ungefähr gleich alt.
X Dackel werden älter als Möpse.

Seite 193

1 b 1. Wen trifft Lotta? Lotta trifft einen Hund.
2. Was machen die beiden zusammen? Sie essen zusammen einen Mandelkuchen.

2
1. Der Hund ist klein, schwarz und mager und sehr schmutzig.
2. Er frisst gern Mandelkuchen.
3. Der Hund hat kein Zuhause. Er ist immer unterwegs und schläft in Scheunen.

3

Merkmale von Geschichten	Merkmale von Sachtexten
ausgedachte Handlung	sachliche Informationen
ausgedachte Figuren	echte Menschen und Tiere

Seite 194

1 **b** Das Mädchen bemalt die Wand mit Stiften.
Die Mutter entdeckt das Mädchen und ruft: „Da wird ja der Hund in der Pfanne verrückt!"
c X Die Mutter ist erstaunt.

2 Er ist bekannt wie ein bunter Hund. → So werden Menschen genannt, die jeder kennt.
Zum Beispiel: Das ist Leo. Jeder kennt ihn.
Er hat immer das rote Käppi auf und ein rotes Skateboard dabei.
Er kann tolle Kunststücke.

11 Reisen ins Weltall – Wortarten und Satzglieder unterscheiden

Seite 199

1 Mögliche Lösung:
Ein Ufo fliegt von seinem Planeten zur Erde.
Man sieht ein fremdes Wesen aus dem All.
Es schreibt einen Gruß in drei Sprachen.
Wissenschaftler auf der Erde sehen dies alles an ihrem Computer.

2 **a** Türkisch, Deutsch, Englisch

Seite 200

2 Mögliche Lösung:
die Turnhalle, skaten, das Instrument, die Theaterbühne, lesen

Seite 201

3 **a, b**

Verben	**Nomen mit Artikel**	**Adjektive**
tanzen	der Fußball	lustig
essen	das Handy	sauber
spielen	die Tasche	langweilig
schreiben	die Schule	alt
lesen	das Buch	neu
rennen	das Heft	
skaten	das Instrument	
	die Turnhalle	

Seite 202

1 a Das ist das Mädchen Mia im eigenen Zimmer. Mia ist zehn Jahre alt.
Sie sitzt auf ihrem Bett und liest eine Zeitschrift.
Ihr Rucksack liegt offen auf dem Fußboden.
Ihre Schulsachen sind teilweise rausgefallen.
Nur ihr Buch ist ordentlich aufgeschlagen auf dem Schreibtisch.
Vor der Tür bellt ihr Hund Wuffi.

2

der	die	das
der Fußboden	die Zeitschrift	das Zimmer
der Schreibtisch	die Schulsachen	das Buch
der Hund	die Jahre	das Bett

Seite 204

1 a der Bär → die Bären, der Junge → die Jungen, das Pferd → die Pferde, das Haus → die Häuser
b Mögliche Lösung:
der Baum → die Bäume, das Regal → die Regale, das Auto → die Autos, die Maus → die Mäuse

3

Singular (Einzahl)	Plural (Mehrzahl)
der Schultag	die Schultage
das Kind	die Kinder
die Klasse	die Klassen
der Ort	die Orte
die Reise	die Reisen
der Mensch	die Menschen
die Schule	die Schulen

Seite 206

2 Wer oder was bellt ganz aufgeregt? → der Hund
Wer oder was hat einen Kuchen gebacken? → der Vater
Wer oder was wartet auf die Gäste? → die Familie
Wer oder was kommt? → die Fantasier
Wer oder was isst hoffentlich Kuchen? → die Besucher

3 Wem will der Hund nichts tun? → den Freunden
Wen oder was begrüßen Pax und Pex ängstlich? → die Familie
Wem geben sie zuerst die Hand? → der Mutter
Wen oder was streichelt Pex schließlich? → den Hund

Seite 208

2 Wom3 steht vor dem Ball.
Nun ist der Roboter hinter dem Ball.
Wom3 läuft gegen den Ball.
Mit Anlauf fliegt er über den Ball.
Oje, jetzt liegt Wom3 unter dem Ball.
Vor Freude tanzt er auf dem Ball.

Seite 210

2 Leon: Schule
Pax: Raumschiff

3 a A interessant, lustig, lehrreich, unterhaltsam, langweilig, laut, anstrengend
B groß, breit, laut, modern, schnell, elektronisch, flugfähig
b X beschreiben Gegenstände und Lebewesen

Seite 212

1 Sie = Pax und Pex, Wir = Pex und Pax, Ich = die Mutter, Er = Pex

2 Leon bleibt zu Hause. Er hat Fieber. Die Mutter kocht ihm einen Tee und steckt ihn ins Bett. Dort soll er bleiben, bis er kein Fieber mehr hat.

Seite 213/1

2

Mias Frage	Leons Antwort
Was machen die Raumschiffe?	Die Raumschiffe fliegen.
Was machen die Fische?	Die Fische schwimmen.
Was machen die Kinder?	Die Kinder spielen.
Was machen die Autos?	Die Autos fahren.

3 a Leon und Mia gehen ins Raumschiff.
Die Sonne scheint.
Leon sitzt fröhlich in seinem Sitz.
Mia sieht aus dem Fenster die Erde.
b gehen, scheinen, sitzen, sehen

Seite 213/2

4

	lachen	fliegen
ich	lache	fliege
du	lachst	fliegst
er/sie/es	lacht	fliegt
wir	lachen	fliegen
ihr	lacht	fliegt
sie	lachen	fliegen

5 a Ich rede mit meiner Mutter.
Du schenkst mir eine Blume.
Er schreibt mir eine Nachricht.
Ihr trinkt eine große Flasche Saft.
Wir gehen in die Schule.

Seite 214

2 a reisten, wohnten, zeigte, redete, fragte, lachten
b wir reisten, wir wohnten, er zeigte, ich redete, er fragte, wir lachten

3

	fragen		fragen
ich	fragte	wir	fragten
du	fragtest	ihr	fragtet
er/sie/es	fragte	sie	fragten

Seite 222

1 Fragesätze: An ihrem Ende steht ein Fragezeichen (?).
Ausrufesätze/Aufforderungssätze: An ihrem Ende steht ein Ausrufezeichen (!).
Aussagesätze: An ihrem Ende steht ein Punkt (.)

2

Die Spielfiguren sehen wie Raumschiffe aus.	Aussagesatz
Welche Figur möchtet ihr?	Fragesatz
Ich nehme das blaue Raumschiff.	Aussagesatz
Wann zieht man diese Karte?	Fragesatz
Warte doch mal!	Ausrufesatz

Seite 223

2 a (In der Nacht) (leuchten) (die Sterne) (am Himmel.)
c leuchten
d an zweiter Stelle

3 Mögliche Lösung:
Wir gehen heute in das Kino.
Morgen esse ich Nudeln.

Seite 224

1 b, c (Wir) (sahen) (gestern) (den Vollmond.)
(Den Vollmond) (sahen) (wir) (gestern.)

2 a A 2, B 4, C 1, D 3

2 b Hinweis: Subjekt, Prädikat
3 b A Der Mond kreist um die Erde.
B Auf dem Mond liegen zwei Golfbälle herum.
C Durch ein Fernrohr beobachten wir den Mond.
D Der Vollmond macht die Nacht sehr hell.

3 a

Wer oder was liegt auf dem Mond herum?	zwei Golfbälle
Wer oder was beobachtet den Mond durch ein Fernrohr?	wir
Wer oder was macht die Nacht sehr hell?	der Vollmond

Seite 226

1 **b** Wen oder was lernen sie?
Wen oder was brauchen sie?
Wen oder was müssen die Astronauten gut können?

2 **b** Wem wird nach der Zeit im Weltall schwindlig?
Wem gelingt es nicht, mit geschlossenen Augen stehen zu bleiben?
Wem fällt das Leben auf der Erde schwer?
Wem helfen die Ärzte auf der Erde?

12 Rechtschreiben erforschen – Strategien finden

Seite 239

3 **b** A = 8 Silben, B = 8 Silben, C = 8 Silben
c Tomatensalat
d Tomatensalat

Seite 240

1 **b** der Junge mit den schwarzen Haaren

2 **b** 1 die Ka nin chen, die Tau ben, die Fle der mäu se
2 die En ten, die Ha sen, sin gen, lau fen, wei nen, lie ben, heu len, lei se

Seite 242

2 **a, b, c** das Kalb – die Käl ber, der Hund – die Hun de, das Rind – die Rin der
das Kind – die Kin der, er tobt – wir to ben, sie sagt – wir sa gen
er zeigt – wir zei gen, sie lobt – wir lo ben, fremd – frem der
blind – blin der, klug – klü ger

Seite 243

3 **b, c** der Erfolg – die Erfolge, duftend – duftender, der Abend – die Abende
gesund – gesünder, der Abschied – die Abschiede, mutig – mutiger
der Anzug – die Anzüge, traurig – trauriger

4 **b** Im Wald leben die Rehe.
Im Zoo lebt ein Gepard.
Am Abend gibt es ein leckeres Essen.
Der Musiker hat großen Erfolg.
c der Wald – die Wälder, der Gepard – die Geparde, der Abend – die Abende,
der Erfolg – die Erfolge

Seite 244

1 c die Kegelrobbe → Bild 2, die Regenbogenforelle → Bild 3, die Löffelente → Bild 1, die Eierschlange → Bild 4, der Kronenkranich → Bild 5

2 a, b Der **Kro nen kra nich** trägt ein Federbüschel auf dem Kopf.
Die Haut der **Re gen bo gen fo rel le** leuchtet bunt im Wasser.
Mit dem Schnabel der **Löf fel en te** kann man keine Suppe essen.
Die **Ke gel rob be** hat kegelförmige Zähne.
Die **Ei er schlan ge** findet Eier lecker.

3

das Wild → die Blume	die Wildblume
der Regen → der Bogen	der Regenbogen
das Heu → die Ernte	die Heuernte
der Schnee → die Wolke	die Schneewolke

Seite 246

1 b, c

Wörter mit ä	verwandtes Wort mit a
die Bäche	der Bach
die Blätter	das Blatt
die Zähne	der Zahn

Wörter mit au	verwandtes Wort mit äu
der Zaun	die Zäune
der Baum	die Bäume
das Kraut	die Kräuter

2 b

Die Äffchen turnen im Gehege.	der Affe
Die Hasen toben zur Freude der Gäste herum.	der Gast
Die Männer fegen die Wege.	der Mann

3 Der treue Hofhund bewacht Häuser und Höfe.
Ein Hund vertreibt heute auch Mäuse.
Hunde sind ausdauernde Läufer und nicht scheu.

Seite 248

1 a Wenn du dich am frühen Abend ganz still in den Garten setzt,
kannst du manchmal die scheuen Igel hören.
Sie huschen durch den Garten und suchen leckere Nahrung.
Dabei schmatzen sie ziemlich laut. Sie sehen wirklich drollig aus.
Man sieht eine kleine Kugel mit braunen Stacheln und grauen Spitzen.
Igel bewegen sich auf kurzen Beinchen.

2 Das kleine Tier ist am frühen Abend aktiv.
Der Igel lebt in natürlichen Gärten und kleinen Parks.
Dort findet er leckere Insekten.
Wenn die munteren Igel unterwegs sind, treffen sie auf Artgenossen.
Aber sie kümmern sich nicht um sie. Sie sind echte Einzelgänger.
Nur in der Paarungszeit haben sie großes Interesse aneinander.

Seite 249

3 **b** Einen IGEL kann jedes Kind ganz leicht
AN den spitzen STACHELN erkennen.
Sie bilden ein SCHUTZKLEID.
Es macht den Igel UNVERWUNDBAR.
Wie kommt es, dass das kleine TIER nicht unter
dem Gewicht zusammenbricht?
Das LIEGT daran, dass die STACHELN
umgewandelte Haare sind.
Sie SIND innen HOHL und in kleine Luftkammern aufgeteilt.
DADURCH sind sie widerstandsfähig und trotzdem LEICHT.

c **Das Stachelkleid der Igel**
Einen Igel kann jedes Kind ganz leicht
an den spitzen Stacheln erkennen.
Sie bilden ein Schutzkleid.
Es macht den Igel unverwundbar.
Wie kommt es, dass das kleine Tier nicht unter
dem Gewicht zusammenbricht?
Das liegt daran, dass die Stacheln
umgewandelte Haare sind.
Sie sind innen hohl und in kleine Luftkammern aufgeteilt.
Dadurch sind sie widerstandsfähig und trotzdem leicht.

Seite 254

1 **b** Hinweis: Vokal Konsonanten
re den • wan dern • tram peln • sau sen • ja gen • schrei ten •
schlur fen • schlei chen • rei sen • lau fen • den ken • hin ken •
die Lö wen • die Hun de • die Pfer de • die Scha fe • die Wa le • die Schwei ne

2 **a, b**

Die erste Silbe ist offen. Sie endet mit einem Vokal (Selbstlaut).	Die erste Silbe ist geschlossen. Sie endet mit einem Konsonanten (Mitlaut).
reden, sausen, jagen schreiten, schleichen reisen, laufen, die Löwen die Schafe, die Wale die Schweine	wandern, trampeln, schlurfen denken, hinken, die Hunde die Pferde

Seite 256

1 **b** der Ofen – offen, die Hüte – die Hütte, raten – die Ratten

2 **b, c** Hinweis: Konsonanten, lange Vokale, kurze Vokale
Der O fen ist of fen.
Die Hü te liegen in der Hüt te.
Ra te, wie viele Rat ten es sind.

3 **c** Hinweis: langen Selbstlaute und den folgenden einzelnen Mitlaut
kurzen Selbstlaut und die folgenden doppelten Mitlaute
Die Hüte liegen auf dem Ofen.
Die Hütte ist offen.
Wie viele Ratten gibt es?

Seite 257

4 **a** der Hund → bellt, der Wolf → heult, der Affe → tobt, das Reh → rennt
der Bär → brummt, der Seehund → taucht, der Fisch → schwimmt, der Vogel → fliegt
das Pferd → trabt, die Ente → läuft, die Biene → summt, die Kuh → frisst
b, c, d Hinweis: geschlossene Silbe offene Silbe

zweisilbige Form	einsilbige Form
Die Bären brummen.	Ein Bär brummt.
Die Fische schwimmen.	Ein Fisch schwimmt.
Die Affen toben.	Ein Affe tobt.
Die Hunde bellen.	Ein Hund bellt.
Die Pferde traben.	Ein Pferd trabt.
Die Bienen summen.	Eine Biene summt.
Die Wölfe heulen.	Ein Wolf heult.
Die Rehe rennen.	Ein Reh rennt.
Die Seehunde tauchen.	Ein Seehund taucht.
Die Vögel fliegen.	Ein Vogel fliegt.
Die Enten laufen.	Eine Ente läuft.
Die Kühe fressen.	Eine Kuh frisst.

Seite 258

1 **b, c, d** Hinweis: offene Silben geschlossene Silben
bie gen • fin den • die nen • lie ben • sprin gen • sie gen

2 **b, c** Hinweis: offene Silben geschlossene Silben

offene Silbe: ie	geschlossene Silbe: i
sieben, wiegen, bieten, die Ziege, siegen, die Biene, die Miene, schieben	binden, winken, die Blinde, klingen, die Rinde, singen, finden

Seite 260

1 c, d Hinweis: offene Silben geschlossene Silben

Wörter mit ß	Wörter mit ss
die Flöße	die Flosse
beißen	bissen
die Maße	die Masse
gießen	gossen
fließen	flossen
die Füße	die Flüsse
aßen	essen

2 b ihr wisst – wir wissen
sie heißt – wir heißen
der Riss – die Risse
das Maß – die Maße
er küsst – wir küssen
der Guss – die Güsse
das Schloss – die Schlösser
der Fuß – die Füße

Seite 261

3 b Hinweis: Wörter mit Doppel-s Wörter mit ß

Von Nussfressern und Nusssammlern

Nüsse sind lecker. Das weiß jedes Kind.
Kein Wunder, dass viele Menschen Nüsse essen.
Haselnüsse und Walnüsse findet man eigentlich
draußen im Wald und an der Straße.
Aber die Tiere sind oft schneller.
Manchmal sind große Nüsse äußerst leicht
und man findet ein Loch in der Schale.
Die Tiere, die das machen, heißen Haselnussbohrer.
Die Weibchen beißen sich einen Weg in die ganz
junge Haselnuss und legen dort ein Ei. Die Larve,
die daraus schlüpft, ernährt sich dann von der Nuss.

4

Wörter mit ß	Wörter mit ss
weiß, draußen, Straße	Nussfressern, Nusssammlern
große, äußerst	Nüsse, dass, essen
heißen	Haselnüsse, Walnüsse
beißen	Haselnussbohrer
	Haselnuss, Nuss

5 draußen • fassen • heißer • außen • **die Nüsse** • lassen • weißer • **die Küsse**